甲賀忍者の真実

末裔が明かすその姿とは

渡辺俊経

人工衛星から見た甲賀市とその周辺（甲賀市史第一巻　見開き写真より）

古琵琶湖移動の跡地である伊賀市北部から甲賀市中央部へかけて無縦谷が発達している

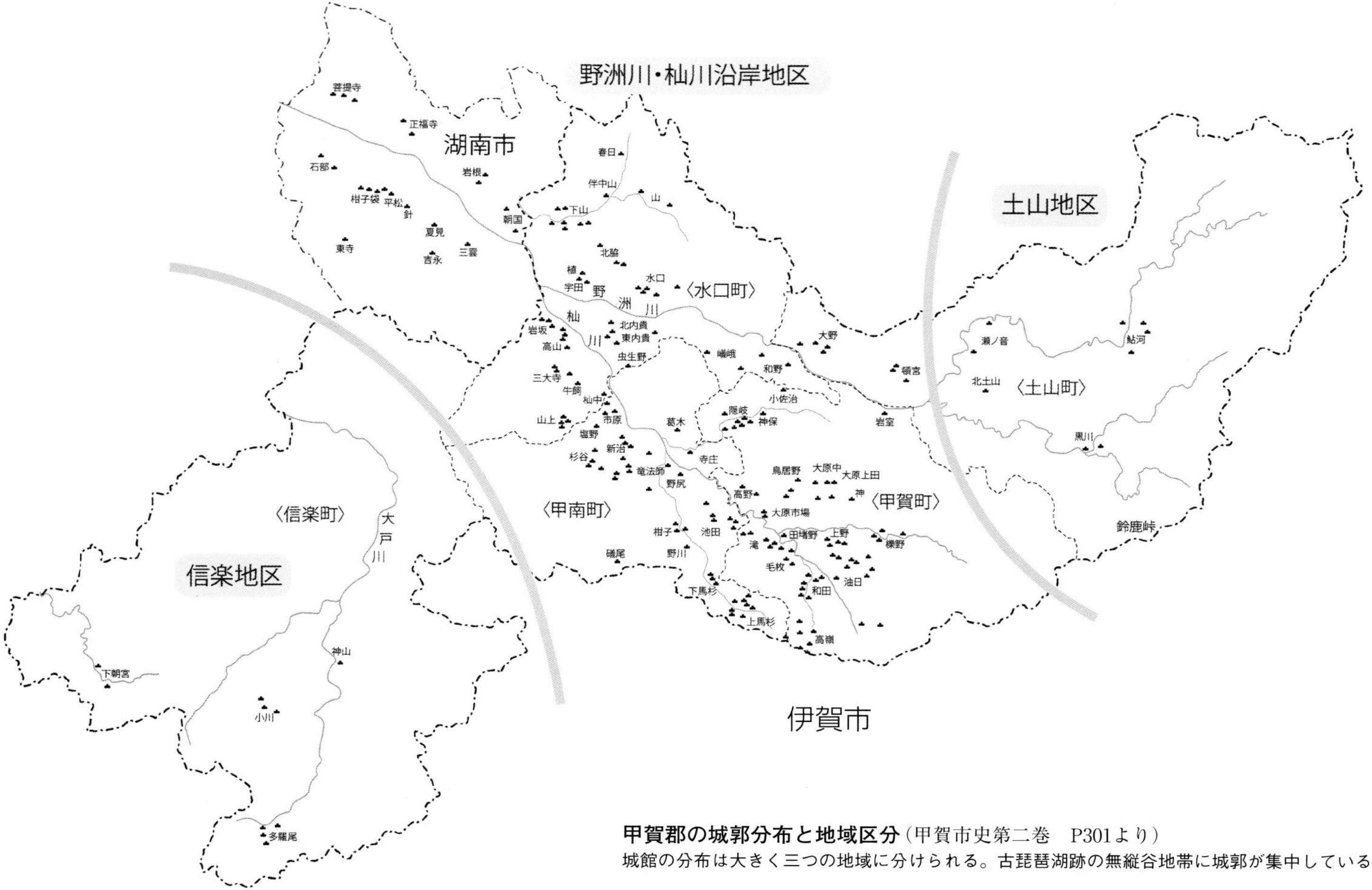

甲賀郡の城郭分布と地域区分（甲賀市史第二巻　P301より）

城館の分布は大きく三つの地域に分けられる。古琵琶湖跡の無縦谷地帯に城郭が集中している

信楽地区

〈信楽町〉

野洲川・杣川沿岸地区

湖南市

〈甲南町〉

〈水口町〉

〈甲賀町〉

伊賀市

土山地区

〈土山町〉

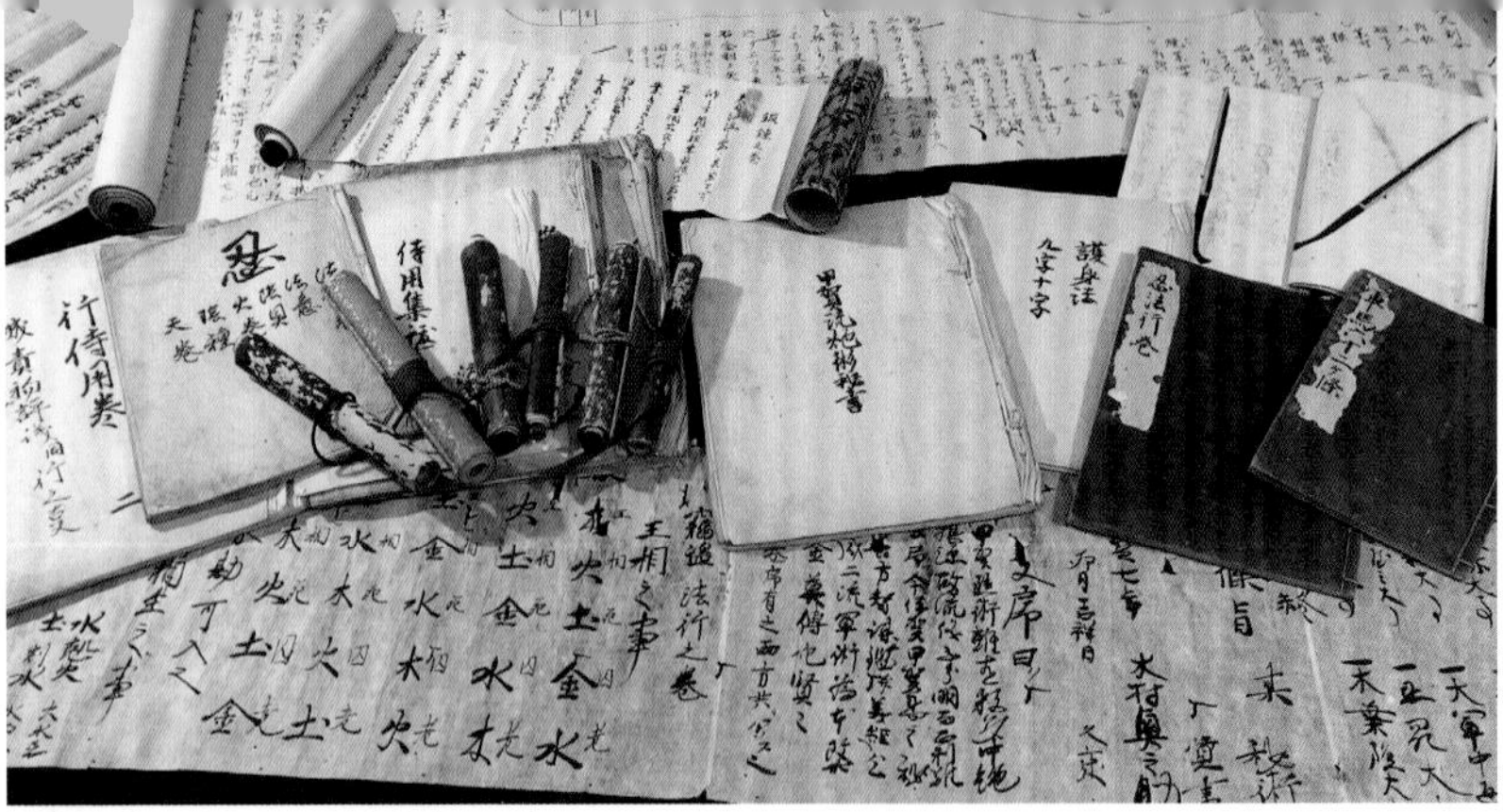

筆者の蔵で見つかった古文書の一部

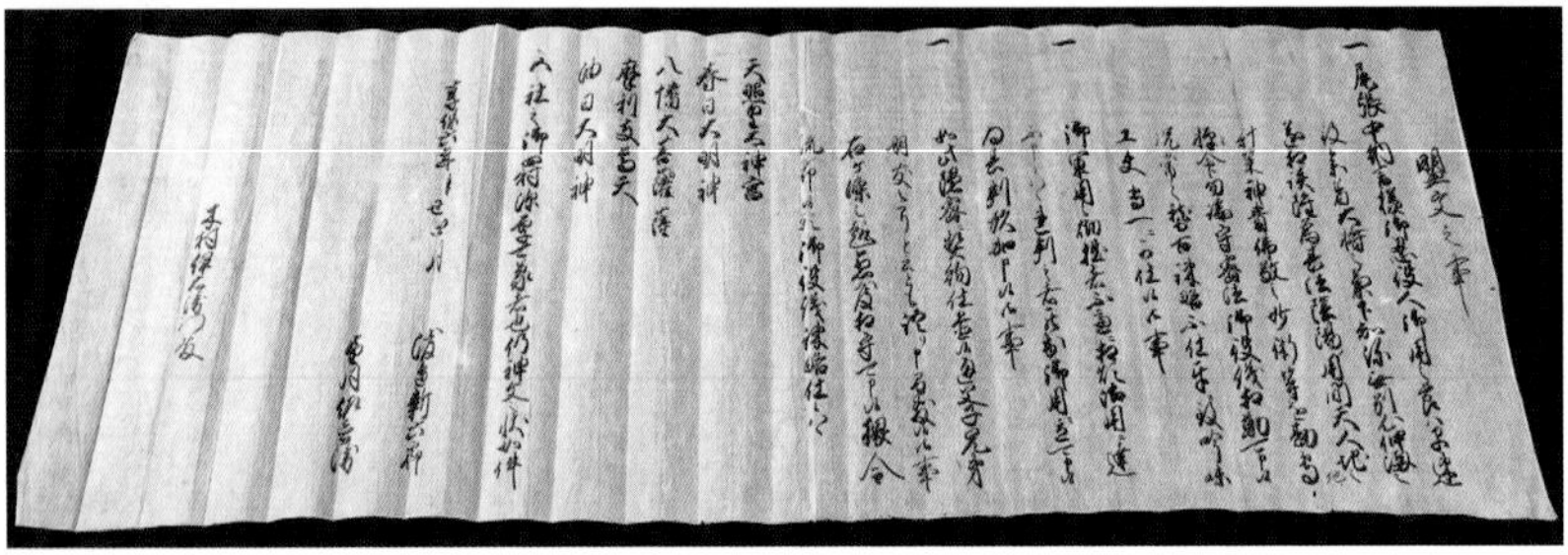

「盟文之事」

享保10年(1725)、渡辺家９代俊安(善右衛門)と連判の渡辺武兵衛が
尾張藩御忍役人筆頭の木村伊右衛門へ送った代替わりの起請文の控。

矢川神社下馬前

甲賀郡中惣の集会場所、裁定場所として利用された矢川神社下馬前。元亀２年の郡内寺社間の争い事については、この場所で敗訴した側が十人で勝訴した側の十人に謝罪して和解することと「郡中惣異見状案」に書かれている(巻末資料三)。

まえがき

——何故甲賀忍者の真実を書くのか

二〇一七年四月二十八日滋賀県甲賀市と三重県伊賀市が「忍びの里伊賀・甲賀—リアル忍者を求めて—」として文化庁から日本遺産に認定された。即ち甲賀と伊賀は日本で唯一無二のリアル忍者発祥の地であると認定されたということである。ではリアル忍者とは何なのか、そもそも甲賀とは(伊賀とは)どんなところなのか。本来地元からの発信があるべきと思うが、残念ながら他所の方々が発表されるのを歯がゆく眺めているのが実情である。地元に住む人間が、本来はリアル忍者に関わる人間が実はこうなんですと地元の者にしか分からぬ地元の真実を伝えるべきであろう。

実は少しばかり前にも甲賀忍者の実像と称して紹介された方があるが、誰もお気付きでないようなのでこの際指摘しておくと、これは真実を「忍者は嫌い」「忍者は居なかった」というフィルターで加工して自分好みの壁に投射した映像でしかなく、所詮「虚像」と同じ「実像」(「実像」という名の作られた像)でしかないのである。実像は真実そのものではないのである。結果として「甲賀忍者など居なかった」、或いは「居たとしても哀れな存在で、苦し紛れに忍者の活躍咄をでっち上げた」と大いに甲賀侍を貶めることに貢献した。お陰で、「へーそうなんだ」という善意の人たちの誤解を解くのに何度汗をかいたことか。

このところ忍者のことを書いたり、取り上げてテレビで話題にしたり、或は無節操に商売のネタにしたりと忍者のことで一段と世間が騒がしい。部分的には納得させられることも多少あるが、今流に言ってしまえば正直うざい。要するに分かってねぇなということである。磯田道史氏のような例外を除くと、大方の学者先生は古文書や先人の文献とやらを駆使してもっともらしい説明をなさるが、実は現地の事情が全く分かってない空論であることが多い。また在野の方々からはそれぞれの専門の領域に関して我々の知らない知見を提供いただけて有難いが、考察が甘く他人の受け売りも多い。

ここは地元の人間が「リアルな甲賀忍者の真実」を世間に向かって明かすべきである。以上が第一の理由、やや公的な建前である。

ところで私が現在住んでいるのは、かつての近江国甲賀郡杉谷村（現滋賀県甲賀市甲南町杉谷）である。近江国最南部の甲賀郡をほぼ東から西へ貫通して琵琶湖に注ぐ野洲川の南側（伊賀側）に展開する支流杣川の流域にある。古来この流域は杣谷《そまだに》と呼ばれてきた。杣は和製漢字で材木を取る山のことを表わし山仕事をも意味する。当家に残る系図によれば我が家の先祖は戦国時代末期の天正十五年（一五八七）に摂津の国からこの杉谷村にやって来て住み着いたという。どう振る舞った成果なのか分からぬが二代目の時には甲賀侍の仲間として認めてもらい、江戸時代の四代将軍家綱の頃、延宝七年（一六七九）には当渡辺家と分家の渡辺家、そして近隣の村の神山家、木村家、望月家の五軒が御三家筆頭尾張徳川家に当地在地のまま忍び役として採用された。以来幕末まで約百九十年間「甲賀五人」と通称される忍び役として尾張藩に出入りさせてもらったのである。

即ちわが曽祖父渡辺平右衛門俊恒（捨三郎）が幕末から明治維新を迎えた尾張藩最後の忍者の一人であったことになり、私はそれから三代下った尾張藩忍者の子孫であるということになる。但し、子孫と云っても何一つ忍術の引き継ぎもなく、祖父母からも父母からも当家が忍びを生業とした家系であるとは一切知らされず、自分は四十年近く故郷を離れて東京で研究所勤めなど技術系サラリーマンをして過ごした。二〇〇〇年三月に六十二歳で帰郷した後に、偶然の出来事が重なって当家が忍者の家系であり当家には忍術関係文書が残されていたことを知ることになった。

偶然の事の成り行きでその前年に発足したばかりの甲南忍術研究会に参加することになり、会長であった中学校時代の同級生杣庄章夫君が二年後に急逝したのを受けて、これまた正に成り行きで甲南忍術研究会の会長や甲南町観光協会の会長、こうなん観光ボランティアガイド部の部長、甲南地域史研究会の会長などを務めながら泥縄で忍者・忍術のことや、我が家の文書のことを学ぶ日々であった。しかし古文書の解読は遅々として進まず、若干あきらめ気味になっていた時、甲賀市観光推進課から当家文書の本格的な翻刻の打診を受け、渡りに船とお任せした次第であった。

幸い歴史文化財課の伊藤誠之氏の多大なご尽力のお陰で二〇一七年三月には当家文書を翻刻した『渡辺俊経家文書―尾張藩甲賀者関係史料―』が完成し、二〇一八年末には現代語訳なども加えた第二巻も刊行された。これで自分の役目も終わりかなと思っていたのだが、世の中の忍者・忍術を巡る動きがなんだか様子が変だと感じるようになったのである。

どう云うものか最近になって、このような事態を横行させたまま放置するのは老い先の短くなった者にとっては死ぬに死ねない苦痛と感じるようになった。今も先祖の地にいて甲賀忍者の末裔を名乗る身としては、より具体的な真実を言い残して置くべきではないかと思うようになった。そこでこの際この二十年間に分かったことだけでも書き残して置こうと思う次第である。以上が第二の理由、至って私的な事情である。

元より自分は浅学非才で歴史や忍術の詳細を知らぬままではあるが、時間のなさを言い訳にさせていただいて、分かったことはズバズバと云い、分からぬことにも遠慮せず問題提起をしておきたいと思う。歴史学の文献主義ではなく、現場で起こっていることを伝承等と突き合わせてどう理解するのかという民俗学的なアプローチで臨みたい。そもそも秘密を旨とし証拠を残さぬ忍者・忍術の世界を文献主義で理解しようとするアプローチに少なからぬ違和感があったからである。

しかしながら地に足を付けるということは、必然的にローカルな話題に踏み込むことになり、一般の読者特に大都会に住む人達の中には「そんな田舎のこと細かすぎて興味ない」とか、「そんなこと日本全体の動向に関係ない」とか、或は「そんなことどっちでもよいのではないか」と反応される方がおられるかもしれないが、実はここに書いたような例は何処の地方に住む方々も地元を注意深く観察し他との関連で物事を捉えようとすれば必ず見つけることが出来る真実への道なのであると申し上げておきたい。
なお、一気に通読して戴ける甲賀忍者全般に係る内容を第一部としてまとめ、特定のテーマに関する事項をやや研究的スタンスで取り組んだものを第二部としてまとめた。それぞれにご批判は大歓迎であるが、そもそも私自身がそのご意見を伺うまで生きておれるか心もとないので、その先は御自身で御研究いただくなり、甲賀や伊賀の若い方々に投げかけていただければ幸いである。結果として甲賀忍者や伊賀忍者の真実の姿がより明らかになれば有難いと思う。

令和元年十二月

渡辺俊経

目次

第一部

甲賀忍者　誕生の背景と真実

第一章　甲賀の地の新風土記（古代編）

――甲賀は古代文明の渦の中

一　古代の先進地杉谷村

近江国甲賀郡では縄文遺跡も弥生遺跡も発見されてはいるが、本格的な文明開化としては、古墳時代に先ず野洲川本流に杣川が合流する辺りの水口平野が稲作穀倉地帯として拓け、杣谷とも呼ばれた杣川流域の開発はそれから二百～三百年遅れた模様である。具体的には六世紀から七世紀にかけてヤマト政権の成立から律令国家の成立の頃、杣川流域は農耕と林業が並行して開発されたのである。野洲川本流域には数百基の古墳が集積しておりヤマト政権の威光が届いていた実感があるのに対して、杣川流域の杉谷村には円墳が一基存在するのみで古墳文化は十分には届いていない。

杉谷はこの杣川の中下流域左岸に向かって西から流れ込む杉谷川が押し出す花崗岩質の砂が形成した沖積平野に展開する村で、杣川流域の多くの村が約二百万年前の古琵琶湖時代の湖底に由来する重粘土層に覆われているのに較べて、特異な砂地土質を有する数少ない村の一つである。

杉谷村の開発史の特徴的なところは、沖積平野の稲作利用と村の西側に展開する花崗岩質の山（標高五〇〇m前後の信楽山地の最東端で標高は三～四〇〇m）の林業開発がほぼ同時期に並行して行われたと見られる点である。杉谷の対岸である杣川右岸には河岸段丘の上にさえも条里跡が確認でき律令国家の権力が及んでいるのに対し、左岸の杉谷村には条里跡が見付かっていない。

一方当村と新宮上野村との境界を流れる水谷川の上流河床部、深さ約三mのところから七世紀中期に伐採され加工痕も鮮やかに残る杉の大木が大量に発掘された（畦の平遺跡）。この地では八世紀の正倉院文書に記された

水谷川から出土した杉の大木

当時の国家機関「甲賀山作所《さんさくしょ》」が一世紀前に既に活動していたことを示している。年輪年代法に依る測定で大木杉の一本は西暦六六四年に伐採されたことが特定され、国家事業が文字記録より百年前後遡る七世紀中期にこの地で行われていたことが確認でき、杉谷村には稲作でなく山林作業の形で律令国家の権力が到達していたことが知れる。更に六六四年という年が近江朝（大津京）遷都の三年前に当たることには重要な意味があると思われる。一部の歴史学者は遷都が時の天皇の思い付きで気軽に行われていたかの如く説明しているが、実は遷都は時間をかけてかなり計画的に実施されていたということを示していることになる。このように我が杉谷村は古代の段階で国家の最先進事業に関わりの有る地域として存在していたことが確認できた。

二　鉄は近江にあった

木瓜原遺跡製鉄炉跡（滋賀県埋蔵文化財センター提供）

山林作業に使われる大型鋸は室町時代に大陸から輸入されたもので、当時はまだ大型鋸が存在しておらず、大木を伐採するには鋭い大型の鉄斧が必須であり、その証拠に川底から出土した大木にはこの鉄斧を用いて伐採した伐採痕が鮮明に残されていたのである。では当時の人々はこの鉄斧を何処から入手していたのか、律令国家成立の頃或はそれ以前の段階で杉谷村の杣人は鉄そのものを何処から入手していたのであろうか。

この答えは実は近くにあった。六、七世紀ころ近江国は日本列島の中で最も製鉄業が発達し、当時の鉄生産量第一の国は近江国であった。当時の近江国には非常に多くの鉄精錬所が営まれ、その跡が遺跡として六十ケ所以上発見されている。砂鉄を用いたたたら製鉄による良質鉄の生産はその次の時代の話であって、律令国家成立の頃、鉄は近江国にあった。

それにしてもこの大量の鉄生産をになった人達は誰であったのか。近江国には弥生時代後期以降幾度もの渡来人の受け入れがあり、六、七世紀には多数の有力渡来人集団が近江国全域にわたって入植定住していたと云われている。この中に製鉄技術を得意とする渡来人集団が複数居り、不穏な半島情勢を反映して先細りつつあった半島からの鉄輸入に代って、自国産の鉄を必要としたヤマト政権の強力な後押しもあって、日本国内での鉄製錬活動に携わったのであった。滋賀県内の広域にわたる製鉄炉跡の発見はそのことを裏付けている。

ところがなぜか甲賀郡には製鉄炉跡も、鉄加工所跡も発見されていない。不思議なようにも思えるが、実は製鉄や鉄加工を自由にできる集団が、琵琶湖周辺にいてその人達と交易するか或は仲間として供給を受けていたと考えれば、この後に述べる川の下り便で大木を輸送し、上り便（実際は陸路か）で鉄製品を杣山に届けたと理解することが可能である。かくて杉谷村の杣人は当時最高の切れ味の鉄斧をかなり自由に入手していたのではなかろうか。

三　大木の河川輸送をこなせる集団は誰か

当地で伐採・加工された杉の大木は、聖武天皇の前半約十年間における紫香楽の宮への片道約一〇㎞の陸路輸送を除くと、八世紀の正倉院文書に記載された川港「矢川津」や「三雲津」から筏に組んで杣川・野洲川を経て一旦琵琶湖に流し込み、遠くは瀬田川・宇治川・巨椋《おぐら》池《いけ》・木津川を経て木津・奈良の都まで、近くは大津京や石山寺へ後には坂本へと河川輸送・水上輸送されたのであった。

しかし杣川は決して大河ではないので、乾季の水量の少ない時期にはかなり高度な堰堤建設技術で人工ダム池

近江の渡来人（集団と分布）

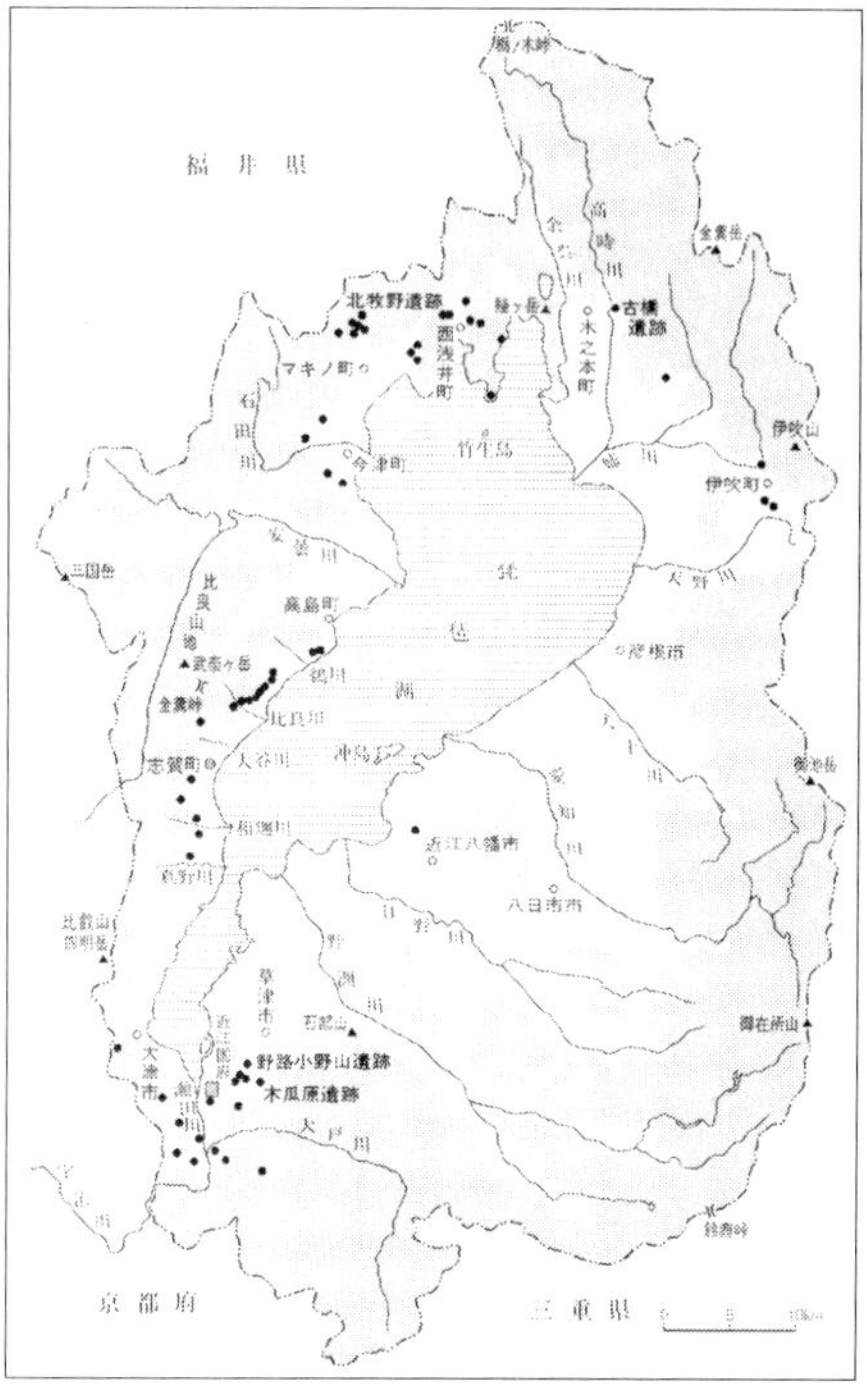

滋賀県下の古代製鉄関連遺跡分布図
（『志賀町史』第１巻より）

を作り、雨天に合わせて堰を切って人工洪水をおこし、この流れに筏を乗せて一気に琵琶湖迄流下させると云った技術が必要であったはずである。実は矢川津があったと推定される矢川神社正面の対岸から一㎞程度上流には古代に既に人工堰堤が建設され「千丈寺用水」として杣川右岸の河岸段丘上に導かれ、そこでの条里制田地の成立を可能にしていたことが分かっている。この堰堤技術が一㎞下流の矢川津では計画的に決壊させることを想定して活用されていたものと思われる。余談であるが、この「千丈寺用水」は、堰堤の場所自体は時代と共に少しずつ上流に移されつつではあるが、今日まで千三百年近く使用され続けていて今も現役である。つくづく古代人の凄さを感じざるを得ない。

　更に輸送には多くの人力や牛馬の力が必要で、特に野洲川河口から瀬田川までの琵琶湖では自然流では数ケ月かかると云われており、この区間を、筏を組んで人力で短期間に漕ぎ渡る部分と、巨椋池から木津川を一〇㎞ほど遡上するため多量の人力と牛馬の動員が必要とされる部分をどう乗り切るのかが最大の課題であったはずである。国家事業であってもこれをバラバラの官人が行えるはずはなく、先の鉄製品の供給力、各地での動員力、さらに古代朝廷との一体作業等は例えば鹿深臣《かふかのおみ》などの一介の地方豪族程度ではとても対応不可能と云えよう。

　矢川津の対岸（右岸）の正面に矢川津の水運の守り神として或は山作所発展の産土神として八世紀中期の天平勝宝年間に創建された矢川神社の主祭神が誰であるかを見れば、そこに答えが明快に示されている。建立された矢川神社の主祭神は矢川枝姫（或は矢川愛媛とも）である。矢川枝姫とは古代豪族和邇氏の娘にして、古事記・日本書紀の世界では五世紀初頭に応神天皇（八幡神でもある）の皇妃となった、第一皇子菟道稚郎子《うじのわけいらつこ》の母親である。応神天皇の死後、稚郎子が大王に推挙されたが即位を辞退し最後は宇治川に身を投じるに及んで第二皇子の大雀命《おおさざきのみこと》が即位して仁徳天皇が誕生したという。矢川枝姫は状況によっては大王の母となるはずの人であった。

菟道稚郎子は今も宇治の世界遺産宇治上神社に主祭神

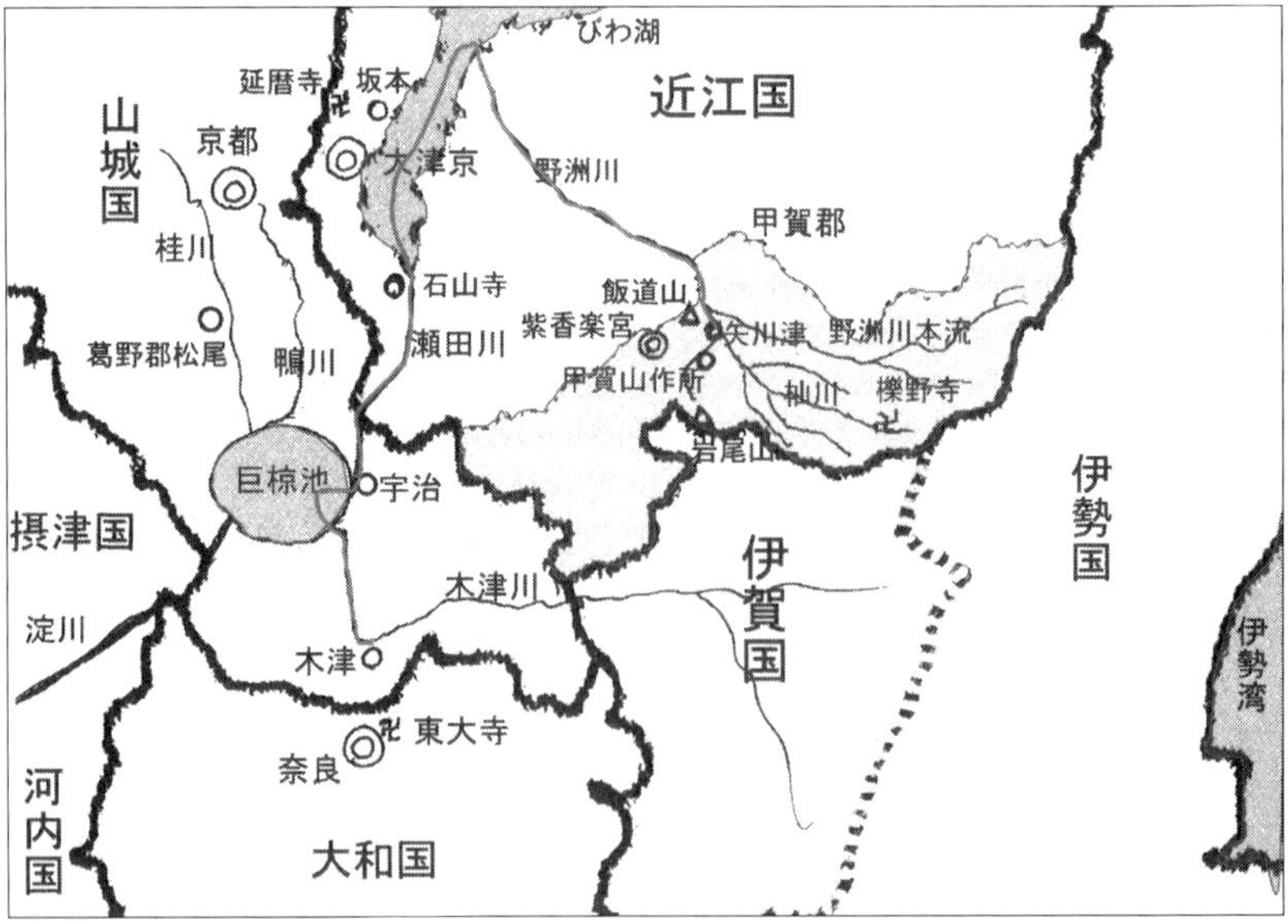

甲賀杣から奈良への大木の輸送ルート

として祀られており、宇治や巨椋池の辺り山城国葛野《かずの》郡松尾は元々和邇氏一族の根拠地の一つであり、琵琶湖でも北大津の辺りは小野氏や和邇部氏など和邇一族の集住地として知られている。そしてこの琵琶湖西岸には多くの六、七世紀の製鉄炉跡が発掘されている。このように甲賀から大和に到る水路には和邇氏一族の強力な地盤があり、奈良春日山周辺にも和邇氏の一族春日氏が集住していたと云われている。

鉄、伐採加工技術、堰堤技術、河川輸送技術、人馬牛の動員力、朝廷との繋がりなどこれらすべてを考えた時、応神天皇以後七代にわたってヤマト朝廷に皇妃を提供し続けた和邇氏が中心的な働きをしていたと考えることは最早疑いようがない。当時の祖先崇拝の有り様から見て、自分たちを護ってくれる神として、自分たちの先祖の有名人矢川枝姫を祀ったものであろう。更にそのことを傍証する事実が杉谷には存在した。杉谷には古来多くの小神社が存在するが、これらの内の二社が恐らく杣人や筏人が往来していた古代からの由緒を持つのではないかと思われるのである。

一つは現在の里出集落にあり明治期に改名された国造神社である。この神社の祭神は大己貴命《おおなむちのみこと》であるが、江戸時代の呼び名は気多《けた》社ないしは気多大明神であり、江戸時代には現在地ではなく、杉の大木が出土した谷の北二〇〇mほどの都谷と称する谷にあったという。気多とは能登国一之宮の「気多大社」からの勧請を思わせ、祭神も同じ大己貴命（大国主命に同じ）である。更に気多とは「因幡の白兎」伝説を有する出雲・因幡の半島の地名である。気多大社の由緒によるとヤマト国家成立以前の出雲勢力の山陰から北陸への進出を意味するという。この流れの中で北陸経由近江へ移動した和邇氏の一族がおり、鉄製錬技術や大木伐採技術をもたらしたのではないか。このような一族が数百年後に杉谷で杣仕事に従事した時、自分たちと一緒に歩んで来た大己貴命を気多神社として祀ったのであろう。

もう一社は明治時代に天満宮に合祀されてしまった、「大山咋命《おおやまくいのみこと》」を祀る旧北出集落の「八王子社」である。八王子社の大山咋命とは現在の滋賀県大津市坂本の日吉大社の東本宮に祀られ古事記などで近江国坂本と山城国葛野郡松尾にだけ坐ますとされる地主神で、二千年以上の歴史を有するという。七世紀の大津京以後に大和

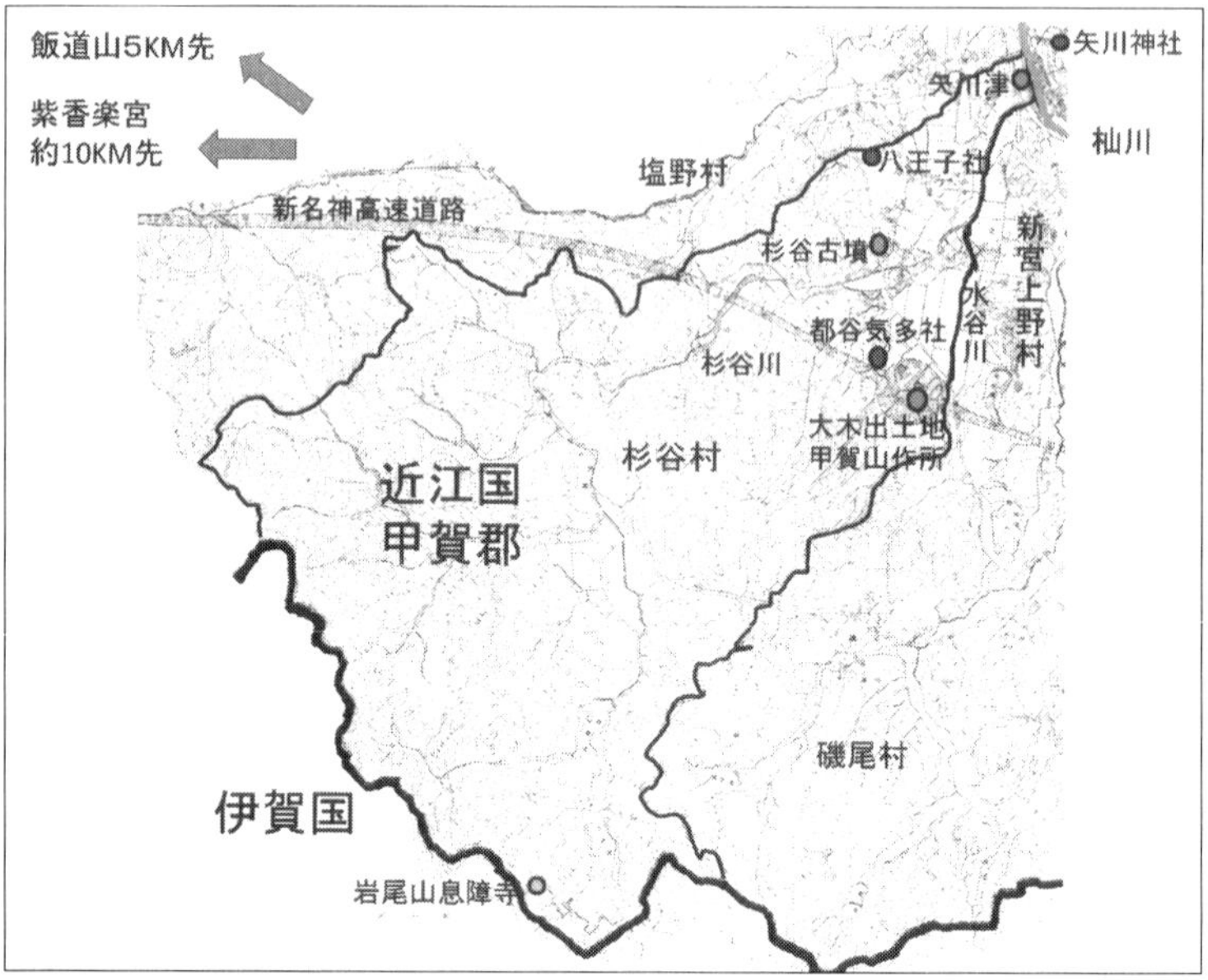

古代の杉谷で起こっていたこと

国大神《みわ》山から坂本に勧請されて西本宮に鎮座して今や日吉大社を代表する大己貴命とは明らかに異なり、坂本の裏山八王子山に坐す神を祀っていた坂本近隣の和邇氏の一族が河川湖上輸送を行うにあたって杉谷に持ち込んで居住地の近くに祀ったのではないか。八王子社の位置は大木の出土地から都谷、杉谷古墳（円墳）を越えて北へ約一kmにあり、かつ矢川津にも約一kmの距離にあって河川輸送を担当する筏人の集住地であったと考えられる。

　このように目を凝らして見ると、「蘇我―鹿深臣協調路線」説を強調したい甲賀市史の執筆者からは無視されてしまったが、この杉谷の地には古代から物凄いことが起こっていたことが見えて来るのである。そしてこのことは杉谷村に限ったことではなく、杣谷全般に或は甲賀全般に同様の開化が起こっていたと考えるべきであろう。

四　紫香楽の宮が甲賀に残したもの

　八世紀中期甲賀には杉谷村から一〇km先に短期間だが日本国の首都があった。杣谷の歴史そのものではないが、甲賀の歴史を語るとき紫香楽の宮の時代の存在を軽視することはできない。この都に国家の首都としての機能がどこまで盛り込まれようとしていたのかなど議論の余地はあるが、聖武天皇により大仏建立の詔《みことのり》が当地で発せられ、仏都として発展することが期待されていたことは明らかであろう。

古代と現代では価値観も異なるので単純化して議論するのは無理もあるが、敢えて独断的に云ってしまえば、甲賀の地に精神性の高いものを求める風潮なり気質なりを広めるきっかけを作ったといえよう。大仏が奈良で建立され紫香楽が仏都でなくなった後も、石山寺や金勝寺、さらには善水寺、長寿寺、長楽寺、甲賀寺など南都仏教系の寺院が近江国の南部や甲賀の一部に受け入れられていくのである。

二月堂右手奥の飯道神社

良弁や實忠という有能な僧の貢献として語られることが多く、杣谷でも数ケ所の良弁関連の寺院名を今に伝えている。

また紫香楽の宮の鬼門封じに創建されたとも言い伝えられるのが、紫香楽の宮の北東方向にある飯道山上の飯道神社である。実はその後の神仏習合の時代を先取りするかの如く、奈良東大寺の建立に際し、お水取りで有名な二月堂の庭に飯道神社が勧請され祀られている。この飯道神社の勧請がどのように行われたのかに関する詳細な事情は承知していないが、東大寺大仏殿の屋上のシビが正確に東西に並ぶその延長線上に飯道神社が祀られており、今でもこの飯道神社正面中央か

東大寺大仏殿のシビ（左が飯道神社から）

ら西方を望むと大仏殿上の二体のシビが一瞬一体にしか見えなくなる瞬間があることに感動するのである。

更に現在三月上旬に奈良で行われるお水取り（修二会）に対してその前月に若狭国の神宮寺で行われるお水送り（修正会）では、現代でも甲賀から飯道山山伏が若狭まで出向いて修正会の儀式に参列し、主導して護摩を焚き、お水送り儀式の行列を先導することが行われており、甲賀の飯道山と奈良の東大寺が若狭の神宮寺とともに千年以上にわたる関係を維持している。

五　天台宗寺院の大挙甲賀進出

甲賀には平安時代のごく初期に天台宗の開祖伝教大師最澄が延暦寺を創建するに当たって良材を求めて甲賀へやって来たとの伝承が多い。ほとんどの場合、大蛇などが出て大師の行路を邪魔したのに対して大師は「禁龍之法」などの行法を行うことで障害物を退散させ、その後当地に小さな庵を結んで暫時当地に滞在した後比叡山に伽藍を建立したとする。

実は杉谷村の南西の最奥岩尾山に現存する息障寺《そくしょうじ》もその一例である。息障寺には大師が後の延暦寺のプロトタイプとして息障寺を建立したとして「息障寺は延暦寺試みの寺」であるとの寺伝が残っている。但し息障寺には今のところ鎌倉時代までは遡れても、平安時代まで遡れる証拠は見つかっていない。

これに対して杉谷の平地ないし平地の際の高台には四～五ケ寺の天台宗寺院が進出していたと思われる。江戸時代に臨済宗に転宗した正福寺には平安時代から鎌倉時代製作の国重要文化財指定の仏像が二躯残っている。江戸時代に浄土宗に転宗した勢田寺《せいでんじ》（清田寺）には鎌倉時代の銘の入った宝篋印塔が二基残っており、松安寺にも南北朝期の宝篋印塔が残る。更に金蔵寺や幻の「ウシン寺」など一～二ケ

臨済宗（元天台宗）正福寺山門

天台宗櫟野寺

所の中世寺院跡と思われる遺跡が認められる。これらは全て天台宗の寺院であったと思われ、当時人口がせいぜい五百人くらいの村にしては天台宗寺院の異常な密集状態であったことが分かる。

実はこのような密集状態は杉谷村だけの特異現象ではなく、平安時代の甲賀ではかなり一般的に見られた現象ではなかったかと思われる。杣谷の東の最奥部とも云える櫟野《いちいの》村の櫟野寺《らくやじ》はその地域の天台宗中核寺院であったと云われており、専属の仏師を抱えた仏所を近隣に設けたとも云われ、顔や姿形や衣装などが類似の平安仏や鎌倉仏を周辺の寺院に供給し続けたという。同寺は現在も二十躯にも及ぶ国指定重要文化財の仏像を保有しており、二〇一八年の秘仏ご本尊十一面観音の御開帳では三ケ月間に三万五千人の参拝客があったという。このように杣谷は天台宗寺院の集積度合いが高く、平安時代から中世へかけて天台文化を享受していたとさえ云える地域であった。

因みに滋賀県は国宝・重要文化財の仏像指定件数は全国三位であるが、観音菩薩像、阿弥陀如来像、薬師如来像、大日如来像の指定件数は共に全国一位である。とりわけ観音菩薩像九十五件の内、甲賀市が二十七件と県内で一番多い。これはかつての天台王国の時代の仏像の豊富さを反映するものである。

六　飯道山に於ける修験道の芽生え

甲賀の地理的中心に近い位置にある飯道山には、聖武天皇による紫香楽の宮の創建に関連して山頂近くに飯道神社が祀られたらしいことは先に述べたが、その飯道神社の主祭神飯道権現の実体は「宇賀乃御霊神《うがのみたまのかみ》」と「弁財天」であり、元々は農業神と水の神で合わせて豊穣を願う信仰対象であったと想像する。更に先に述べた東大寺二月堂に於ける飯道神社の有り様からは、飯道神は東大寺建設にまつわる木材の神、建築の神としての性格をも合わせ持っていたのかもしれない。その後平安時代に入って延喜式神名帳や三代実録などの公式記録にも登場し、順調に存在感を示して来た。三代実録の記録では元慶八年（八八四）には神階従四位下に叙されたという。

平安時代初期の弘仁年中（八一〇〜八二四）に實忠和尚によって現栗東市金勝《こんぜ》地区に南都系法相宗の金勝寺《こんしょうじ》が建立されると、金勝寺が湖南地方の中心寺院となり、そこで修行した僧たちが飯道山へもやって来て庵を結び修行を続けた結果、飯道山には五十八もの僧坊ができ、神の山から仏もいる山に変わりその後の神仏習合への流れが出来たという。いずれにせよ神様の山が仏教の山にもなるという当時日本中で起こった現象がこの地でも起こった。

奈良時代に創建された飯道山上の飯道神社

前項で述べたように、同じ時期に追いかけるように起こった天台宗の甲賀進出の中でも、飯道山への天台宗の進出は重要だったはずであるが、不思議なことに大騒動があったとは伝わっておらず、先に進出した南都系の転退と天台による小僧坊の引き継ぎのような状況が比較的穏便に行われた模様で、大型の寺院が成立するとか、有名な僧侶を輩出したということはなかった。全山の僧坊を総称して「飯道寺」と呼び、後に延暦寺から全山の管理者が送り込まれるようにはなったが、巨大な本堂を有するとか、大僧正が管長として君臨するとかは起こらなかったのである。そんな小型僧坊はいわゆる山岳仏教寺院（山寺）で、南都系の寺院も天台系の寺院も混在しており、この自由さ加減が後に修験道の山に転じてゆく理由であった。

七　古代の甲賀に武士は未だ居なかった

古代甲賀に於ける大戦乱は源平争乱を含めても二度しか確認されていない。最初は天武元年（六七二）大津京を廃止に到らせた「壬申の乱」である。厳密には伊賀と甲賀の国境線の伊賀側になるかも知れないが、倉歴《くらぶ》（倉歴部）で大海皇子軍と近江朝廷軍の戦闘があったという。この時近江朝廷軍は大津京から「可深《かふか》（甲賀）山」を駆け抜けて倉歴へ駆けつけたとされる。戦闘では近江朝廷軍が敗戦し、不破の関（現関ヶ原）に集結した大海軍の主力の背後を突くことが出来なかった。

この時に甲賀から誰かが参戦したとの記録はない。近江朝廷内で大友皇子に付き従った中に和邇氏の一統が含まれていた可能性は高いものの、甲賀からの積極的な参戦はしていないのではないか。もし反大海軍の行動が明らかになれば、天武朝以後百年間の杣山や矢川津の活動に支障があったはずだが、事実は反対で百年後の正倉院文書に国家機関「甲賀山作所」「矢川津」が登場するくらい頼りにされていた。要するにこの時代甲賀に武人は居なかったと云えよう。

二度目の戦乱経験は源平争乱である。平安時代末期の元暦元年（一一八四）七月、半年前には木曽義仲が大津の粟津の合戦で討死し、源頼朝軍（実際は源範義・義経軍）の主力は、瀬戸内海を西へ逃げる平家軍を追って西国にあった。この時京の都が空白地帯となったのを狙って、伊勢で平家の残党が挙兵し京へ上るべく近江へ侵入して来た。これを知って近江源氏の首領佐々木秀義が五男と共に防戦に立ち上がり、甲賀郡田堵野《たどの》村で伊勢平家を迎え撃った（油日《あぶらひ》合戦）。首尾よく伊勢平家の上洛は食い止めることが出来たが、秀義は戦場で矢を受けて討死した。頼朝旗揚げ以来の四人の息子達の活躍もあって鎌倉幕府の成立後、佐々木家には長男定綱の近江国守護職等多くの官職・領地が与えられた。

さてこの時甲賀からの参戦はあったのか。『源平盛衰記』には佐々木秀義の軍に「甲賀上下の郡の輩馳せ集まりて相従いけり」とあり、甲賀からの参戦があったことになっている。しかし十二世紀段階では甲賀は荘園制が行き渡り、一部に荘園の用心棒的な存在があったとしても、美濃部氏は未だ武士化しておらず、山中氏や佐治氏などもまだ積極的な武士活動をしていないと思われる。従ってこの時期に甲賀武士が誕生したと言い切れる証拠はいまのところ地元にはない。

ただその後の佐々木家の甲賀武士に対する接し方が配下の他の近江武士たちに対する接し方と違っていて、その原因がどこにあるのかを見付けられずにいる。特に和田源内左衛門をきわめて古い時期から琵琶湖対岸の志賀郡に代官的な資格で送り込んでおり、また普段の甲賀郡は後述のように自治にまかせその代わり万一の時は佐々木家を甲賀武士が守る約束が成立し、この信頼関係は何処から来るのか不思議な現象である。ひょっとしてこの隠れた源平合戦での原始甲賀武士特に和田氏の貢献があったのであろうか。

なおこの時期に別の形で源平合戦に参戦した者に柏木郷の柏木義兼などが居たが、彼らは基本的に源氏の一員であって一般的な甲賀武士と呼べるものではなかった。即ち平安時代末期の時点では、佐々木氏への協力者がいなかったとは断定できないものの、甲賀に本格的な武士は未だ誕生していなかったと考えられる。

第二章　甲賀の地の新風土記（中世編）

——近江守護家佐々木氏の時代

一　中世甲賀の自然と支配機構

　この時期にはかつて甲賀杣谷一帯を覆っていた大木の林はほぼ伐り盡され、林業の中心地としての役割は搬出の機能も含め急激に低下した。代わりに稲作の占める比率が上昇したが、古琵琶湖由来の粘土層での稲作の難しさもあって、甲賀は稲作に関して他所に較べて圧倒的に有利という点がなく、このことは他所に較べて甲賀の地域が相対的に地盤沈下することを意味する。しかし何故か甲賀は中世の四百年間地盤沈下しなかったのである。

　甲賀が単なるさびれた田舎にならなかった理由がいくつか考えられる。先ずは天与の自然条件である。地形や気候条件の点で決して恵まれているとは言えない甲賀であるが、もっとも重要なのが京都から遠すぎず近すぎず絶妙の距離にあり、かつ東国や北國との通路或は十字路にあることである。次いで重要なのが険しい山はほとんど無いが全体的に山がちな起伏の多い地形にある。平時から人・モノ・情報が行き交い戦乱時には要人や落人が甲賀に身を隠すことが頻繁に起こった。甲賀はこの時代眠っていることを許されなかったのである。

　甲賀が地盤沈下しなかったもう一つの要因は甲賀が古代に築いたものである。それは甲賀の山谷に展開した天台宗の多くの寺々であり、飯道山を中心に発展した修験道の世界であった。また産業としての林業はこの地では衰退していったが、鉄の各技術や木を扱う技術は、技術を貴ぶ風潮として甲賀の文化の中に残り、次の時代の技術に引き継がれていった。そしてこれらのすべてが甲賀に人を育てることに集約されていった。

　開化・開発の時代とでもいうべき古代に比べて、中世の甲賀は多種の要素が重なり合い混じり合い相互作用を起こして変質してゆく時代であったと云えよう。支配の機構としては律令制が早々に姿を消し荘園制が支配していたが、これを鎌倉の武家政権が揺るがすこととなった。佐々木家の守護権力と地域毎に異なる地頭権力が弱体化してゆく荘園に対峙するパワーバランス構造である。甲賀の場合、鎌倉からの落下傘的な地頭が少なかった模様で、佐々木守護家は荘園制の中で台頭して来た在地勢力を取り込んで地頭化した。結果として甲賀では地元有力者が武士化して行くこととなった。かつての荘園では必ずしも武力は必須ではなかったが、鎌倉政権下では土地支配＝地頭（武士、武力）であるため、寺社権門と云われた貴族や大寺社は所有者や経営者であっても土地支配者ではないこととなり、現地で荘園を管理するものは武士となる必要が生じたのである。

　甲賀における荘園は古くは奈良時代の八世紀後半には開墾地などを集めて奈良弘福寺《ぐふくじ》領の「蔵部荘《くらぶしょう》」や西大寺領の「椋部荘《くらぶしょう》」が杣川中流域に存在した。そのほかにも荘園は水口地域や信楽地域に存在したが、それらを含めほとんどの初発荘園が九世紀ころに実質消滅し、平安時代の中期十世紀から十一世紀には集落を核にした地域の生産力を網羅した荘園が広まり、甲賀に於いても荘園制度が確立したといえる。田地だけでなく、集落の人々と生活をも取り込む形の荘園となったのである。結果として荘園主が警察権や裁判権を有し、人と土地の支配を確立できたのであった。

　この時期の甲賀の代表的な荘園は野洲川本流域の「儀《ぎ》俄荘《がしょう》」（摂関家領）、「柏木郷」（園城寺領）、「柏木御厨」（伊勢神宮領）、や杣川上流域の「大原荘」（藤原道長領、後天皇家領、法勝寺領）、杣川中下流域の「池原杣荘」（法勝寺領）、信楽大戸川流域の「信楽荘」（摂関家領、後近衛家領）さら下甲賀郡（現湖南市域）には「檜物荘」（摂関家領、後近衛家領）などである。

　このうち「池原杣荘」は杣川中下流域右岸を主体としていた荘園「池原荘」に杣川左岸の杉谷などの杣山地域も取り込まれて「池原杣荘」となった模様である。大木が伐り尽くされ最早や山林活動が乏しくなった頃に、名目だけは「杣荘」だが実は人民と田地の支配が目当てで、左岸が取り込まれたと思われる。杉谷村はこの中にあった。

二　甲賀武士の誕生

平安時代までの貴族政治を支えて来たのは、荘園からの収益であった、この荘園の持ち主が寺社権門と呼ばれた人達であり、その荘園には大多数の農民と少数の荘園管理人がいた。これに新しく武士と云う階層の者達が登場して新しい統治を行うことになったのである。これらの荘園が鎌倉幕府以後の武家政権の中で守護―地頭支配機構にどう折り合ってゆくのかが全国的なテーマであるが、甲賀にはいくつかの典型的な展開が見られるのである。それを甲賀武士の誕生の過程の中で見てみたい。

各家の武士化の過程を調べようとするとどうしても各家の系図や伝承を追うことが避けられないが、後の時代の系図づくりの結果、表向きは皇室との繋がりや源氏や平家或は藤原や橘の子孫を名乗ることになったが、多くの場合地元の農民なり荘園の管理人が成長して武士を兼ねるようになったものである可能性が高い。代表的な甲賀武士の幾家かについて具体的に見てみよう。

美濃部氏の誕生

昌泰四年（九〇一）政敵の謀計により罪を被せられ大宰府へ左遷されたと云われる菅原道真の事件では、同時に菅原一族が都から放逐された。この時菅原一族が頼った先のひとつが甲賀郡美濃部村にあった菅原家の荘園であったという。その後道真が天神として名誉回復して行く中で、美濃部の菅原氏は美濃部氏を名乗ることとなった。この荘園が「柏木荘」の一部なのか或は別の小ぶりな荘園（例えば後に「蔵田荘」と呼ばれた荘園など）なのかは判然としないが、現甲賀市水口町市街地の西側部分がその地である。

鎌倉時代の美濃部氏の地元での活躍を伝える史料はほとんど無く、荘園の中でどんな役割を演じ、または鎌倉幕府との関係で荘園と如何に対峙したかなどは全く知られていない。しかし南北朝騒乱では美濃部氏は山中氏と共に北朝方で戦ったと記録が残り、観応の擾乱で直義から軍勢催促を受けていたとの説もあり、遅くも南北朝期に佐々木氏について北朝軍に従軍するだけの武士の実力を持っていたのではないか。このように美濃部氏が何時どんな形で武士化して行くのかについての詳細は不明ではあるが、南北朝騒乱が甲賀武士美濃部氏のデビュー戦であったことは間違いない様だ。

多羅尾氏の誕生

永仁四年（一二九六）歿（享年三十六歳）の近衛家基（基家）が自らの荘園信楽荘に滞在中に地元の女性に産ませた「御落胤」が多羅尾に住し、成長して信楽荘の代官となり、その後その職を世襲し「多羅尾氏」を称したという。この話はその後の近衛家の信楽訪問の多さや墓石の状況から見て、ほぼ信じてよいと思われる。南北朝の争乱の頃、信楽は南朝方として奮戦しており、この折に多羅尾氏は武力を身に付けたのであろう。本来は信楽荘での武門は近衛家の武門でもあった小川在住の鶴見氏が担当していたが、多羅尾氏と鶴見氏の不和があったのであろうか後に述べる長享元年（一四八七）の鈎の陣の最中に多羅尾氏が小川城に鶴見氏を攻めてこれに勝利し、以後小川城を自らの主たる城とした。

多羅尾氏は甲賀武士としては若干異質なところがあり、信楽谷全域を支配する方向で活動し、戦国時代には信長からは三万石、秀吉からは最終的に八万石を安堵されていたと云われ、一甲賀武士と云うよりは小大名的な一武将として仕えるスタンスであった。

山中氏の誕生

山中氏の場合はやや複雑である。元々鈴鹿峠が九世紀末に「阿須波道《あすわみち》」として官道となって以後この辺りの警護役をしていた山中村の山中氏が居た。この山中氏がその功績を認められて、平野部にある「柏木御厨」の下司職を与えられたというのが従来の山中氏出世物語であった。ところが最近の研究で少し様子が異なることが判明して来た。

鎌倉幕府から御家人として山中村の地頭職でもあり「鈴鹿山警護職」としても認められかつ水口西方の平野部に部分進出して「柏木御厨」の役職の一部を受任していた山中氏であったが、実は建武二年（一三三五）十月に実質絶家となっているのである。当主山中実秀は伊勢へ移住し、山中氏の家督は当時養子となっていた実秀の従兄弟二人（宇田道俊と溝畑為顕共に実秀の姉妹の子供）に二分の一ずつ譲られた。この時山中家は平氏系の武門の出であったが、宇田家も溝畑家も武家ではなく、一応橘姓を名乗ってはいたが、単なる荘園「柏木御厨」の荘官・名主に過ぎなかったという。

しかしこの譲渡により宇田・溝畑両家は「山中村半分地頭職」となり、元々の平野部での貢献で認められて農民時代に既に手に入れていた下司職なども加え、両家は二軒合わせると山中村と平地部の「柏木御厨」をほぼ完全支配する武門に成り上がる。そのため、以後両家は原則として農民である宇田・溝畑を名乗らず、「山中両惣領家」を名乗り共同統治を行うのである。

道俊はこの家督譲渡以前から山中実秀の下で山中村の警護の仕事もしていたらしく、それなりの武術を心得ていたのであろう、盗賊を捕えたりしている。しかしこの時代が彼らにビッグチャンスを与えてくれた。同家に残る中世文書『山中道俊頼俊軍忠状案』によれば、建武四年（一三三七）に北朝方の佐々木高氏（道譽）の軍勢催促に応じて近隣の柏木氏らと共に出陣、飯道山や信楽に籠る南朝方を攻めた。また翌年には南朝方の甲賀進攻もあり、これを土山鮎河や池原杣荘内の金剛童子峰（庚申山）で迎撃している。為顕も同じように出陣している。また戦乱中に起きた事故がきっかけで、結果として歴応四年（一三四一）足利尊氏から改めて山中村地頭職を安堵する旨の下文を受け取った。この数年間で山中両惣領家は甲賀武士の地位を確立できたのであった。その後観

佐々木佐渡大夫判官入道一見状

近江国山中一分地頭弁房道俊、同橘六頼俊申今月十三日建武四当国於飯道寺城柏木源蔵人相共致軍忠候了、同日信楽調子郷内於岩倉城数尅合戦仕候処、若党源七被疵畢左膝口討疵次旗指藤内次郎被射右蹀候了、此等次第山中五郎同所合戦間、被見知者也、同十四日至長野、朝宮、柞原、野尻、田上郷合戦、毎度懸先、抽軍忠之条、大山小次郎、柏木源蔵人、同三郎蔵人、三乃（美濃）部兵衛三郎、同所合戦之間所見分明也、且懸大将御目候之上者、早賜御証判、可備亀鏡之状、如件、

建武四年卯月廿五日

道俊 在判

頼俊 在判

御奉行所

承候了判

山中道俊頼俊軍忠状案（山中家文書）

応の擾乱では直義方について一時北朝ならびに足利尊氏と関係冷却したが、南朝が消滅する直前には北朝方へ復帰し、足利尊氏からも確りと各種安堵状を受け取っている。

その後道俊の系統は、細川政元が養子の一人澄之によって殺された政変で京を脱出したもう一人の養子澄元を守って、甲賀で澄元を匿い一ケ月後京へ堂々と復活させ、その後山中道俊家は細川家の武門として三代にわたり細川氏の領国摂津で奉仕し摂津国闕郡《かけぐん》の半国守護ともなり、一時は細川氏の軍指揮官として三千の兵を有して京へ入城するほどの威勢であった。その後室町時代を通じて山中両惣領家は六角氏との関係、幕府との関係、周辺甲賀武士との関係で紆余曲折を繰り返すが、全般として甲賀武士の側面と地元有力者の側面をその時々に発揮しながら戦国時代まで乗り切って来た。

佐治氏の誕生

佐治氏は元々平氏の出身であるとされ、平安時代後期の康平五年（一〇六二）桓武平氏平維時の子平業国が佐治荘を領したのが始まりであるという。その後一旦源氏から逃れ、再度土着雌伏の時期を経て、元徳二年（一三三〇）小佐治氏は小佐治村に佐治城を築いたとされる。折からの南北朝の戦乱の中で小佐治基氏は北朝方として佐々木高氏（道誉）について戦い戦功をあげていく。中世文書『平基氏参着状』元弘三年（一三三三）や『小佐治基氏軍忠状』建武四年（一三三七）などに詳しく報告されている。これを見ると騎馬と徒歩の中世型正規軍である。元々平氏という武門の出であるが、佐治氏は南北朝期に急激に甲賀武士として武士化したように思われる。

なお佐治氏は、いかなる事情か詳らかでないが、室町幕府の有力者一色氏から招かれて伊佐野地区（小佐治の隣接村）の分家の者が、尾張国知多半島大野城の城代として着任している。この系統の者は大野佐治氏と呼ばれ三代後には一色氏の室町幕府内での地位の変動を受け大野佐治氏が大野城主となり、織田信長の妹お犬の方を嫁にもらっている。後にその息子佐治一成が浅井長政とお市の間に生まれた三女お江と秀吉の斡旋で結婚することになった。更に知多にいた荒尾善次（実は善次は大野

近江国御家人小佐治右衛門三郎基氏同孫九郎頼氏申
信楽依蜂起馳走之処、十三日於杣野河宮、付御手、
自伊勢国槇山路責入之処、
自信楽東山相向御敵大勢之間、
自同脱□致終夜合戦、及太刀打之間、
凡捨身命責戦、家人源三郎討死仕畢。
同十四日、信楽上郷自甲山東口始、
切破十ヶ所木戸逆木、焼払城郭畢。
於朝宮参会惣大将、付同御手、致所々合戦之処、
於朝宮野尻、御敵大勢自上山責下之間、
於自余軍勢者、依被懸入、以一族以下懸入大勢中、
種々令防戦、此等次第伊賀路大将佐々木佐渡三郎殿
伊庭弥五郎所被見知也。
将又、去正月十五日信楽蜂起之由、依有其聞、
自同十六日迄三月中旬、罷向彼所、致警固畢。
此等次第神保掃部助山中四郎右衛門尉所令存知給也。
然早賜御証判、向後欲致軍忠矣、偽言上如件。
建武四年四月　日　　平　基　氏
承　了（花押）

小佐治基氏軍忠状（佐治家文書）

佐治からの養子）の娘善応院を信長の弟信時が嫁にもらい、信時の死後善応院は甲賀出身の武将で信長側近の池田恒興の妻となっている。このように佐治氏は戦国の世の最先端におり最新の情報が飛び交う現場にいた。

伴氏、大原氏の誕生

大原氏は元々伴氏の分かれである。伴氏とは古代には大伴氏を名乗っていたものが、伴に名乗り替えたもので、平安時代前期の貞観八年（八六六）一族の長で天上人の伴善男が応天門に放火したとの嫌疑をかけられて失脚（応天門の変）、伊豆へ流され、その後一族で三河国設楽郡に在住したという。三河では設楽氏或は富永氏を名乗り有力豪族としてその地で十代ほどを過ごした。その後鎌倉時代に入った頃、資乗のとき「人を殺めて」流浪し甲賀郡大原の里にたどり着いたという。

資乗の二人の子供から子孫大いに繁栄し、貞景から大原本家、毛枚氏、上野氏、大鳥居氏、山岡氏、伴氏などが生まれ、盛景からは多喜氏、滝川氏、櫟野氏、上野氏、加津井氏、竹林氏、篠山氏などが派生したという。

三河での途中の話が出来過ぎているきらいがある上

に、そもそも流浪の身から知らぬ土地に居付いてほんの一～二代で根付き勢力を張るのは容易なことではない。よって大原野への定住の部分については外戚関係、鎌倉幕府の関与（地頭職など）、或は荘園主との関係など今一度後押しをした要因を詳細に調べ直す余地がありそうである。それでもこれらの各氏の多くが今日でも毎年八月三日に大鳥神社で開催される大原同名中の集会に全国から遠路参加されている点からはそれなりの真実味と一族の結束力が感じられる。

　このように甲賀でのスタートのはっきりしない伴・大原一族であるが、前項の小佐治基氏が大原を名乗る文書が残されていて、伴・大原一統も小佐治氏と共に佐々木高氏について北朝軍に従軍していた可能性があり、甲賀土着の早い時期から佐々木氏に臣従して行動していたのではないかとする説がある。このように伴・大原氏は南北朝期またはそれより早い源平合戦の時期から武士化していたのではないかと考えられなくはない。

　大原氏は最大規模の同名中を有する甲賀武士として中世・戦国時代の甲賀をリードする武士である上に後述の「大原同名中与掟《おおはらどうみょうちゅうくみおきて》」を書き残してくれたお陰で、当時の甲賀武士ひいては甲賀忍者の有り様を今日でも知ることが出来るのである。

　なお大原氏の系統からは戦国時代、滝川一益、池田恒興（父が滝川の出、次男が後の姫路城主池田輝政）、中村一氏など信長や秀吉の有力武将として活躍した人材が輩出している。

和田氏の誕生

　清和源氏の流れを汲み、平安時代源満政の頃に分かれたという。しかしその後系図上に名前はあるが生存が確認できぬ世代が続き、いきなり和田惟政の二～三代前に到る。この状況は平氏の場合の小佐治氏に似ており、和田氏は源氏の末流や大手の支流ではなく、源氏系の荘園の荘官など勤める内に、武士に成りあがった可能性が高い。

　ただ六角氏に対して早くから被官となり、和田源内左衛門源正徳は六角義秀から志賀郡を預けられ、堅田に城を築いている。また早い時期から室町幕府の被官ともなっている。その後室町幕府被官の和田惟政が細川藤孝と共に、後に室町幕府十五代将軍足利義昭となる僧覺慶を興福寺から救出し匿うに及んで、和田家は脚光を浴びる家系となってゆく。

その他の甲賀武士の場合

個々の甲賀武士を論じているときりがないのでこれくらいに留め、杉谷と直接かかわる部分もある望月氏に関する動向だけを節を改めて少し細かく見てみたい。更に詳細は第二部第一章に研究報告の形で記述したのでそちらもご覧いただきたい。

三　甲賀望月氏の誕生と武士化

多くの甲賀望月氏の系図には近江守や近江権守を受任して甲賀に領地を得て甲賀に居付いたとか、望月三郎兼家（実は甲賀三郎）が甲賀に住み着いたとか、自分たちの先祖は古代の信州からやって来たと書かれており、多くの望月さんたちは今もそれを信じている。

しかし下級貴族滋野氏やその分流を称する望月一族が本格的に甲賀に進出してきた記録は奈良にも京都にもまた信州にも全く存在しない。つまり貴人が信州からやって来たと云う史実はなく、このことは甲賀望月氏側の由緒創製努力の結果であると考えるのが妥当である。

甲賀の中で望月氏の歴史が色濃く残るのは杉谷村の北隣りの塩野村（旧称小杣路村）であるが、地元資料によれば先代から京都（室町幕府）に仕えていたが「応永三十一年（一四二四）に望月信濃守重則沙彌良仙なるものが塩野へ移住し諏訪大明神を建立した」とある。このことは望月氏が外来の一族であることを示唆するようにも思えるが、実はそうではない。

室町幕府第六代将軍足利義教が裁定を行った公式記録『御前落居記録』の永享三年（一四三一）十一月によると望月次郎左衛門尉重長の先祖が足利尊氏の下で働きそれなりの軍功を挙げて正平六年（一三五一）に杉谷村を領知していたことを示している。望月重則が塩野村にやってきたと称する応永三十一年（一四二四）よりも約七十年も早く望月次郎左衛門尉重長の先祖が隣村である杉谷村を領知していたことになる。

つまり甲賀望月氏は他の諸氏と同様に南北朝争乱期に武士デビューを果たしたと考えられ、運よく佐々木高氏（道譽）に随従でき、足利尊氏に認められ先の正平六年

（一三五一）には杉谷村の地頭に任ぜられたのだ。その結果、十四世紀の後半には飯道寺に武士として大般若経を奉納している記録とも一致し、塩野村の望月氏が十四世紀末ないし十五世紀頭初に京都つまり室町幕府に仕えていたとの話とも一致するのである。

　ではこの武士化する前の甲賀の望月氏とは誰なのか。この時期の明確な史料はない。しかし地元の伝承や周辺の状況から推測することはできる。奈良時代以来室町時代まで、信州の御牧《みまき》「望月牧」と朝廷の近郊牧場である近都牧《きんとまき》「甲賀牧」の間には人的交流があり、信州から馬について来て甲賀に定住した人達もいたはずである。彼らが信楽の牧（現在の甲賀市信楽町牧区）や五㎞東隣の塩野や杉谷に住み着いた可能性は十分に考えられる。甲賀へ移住した牧夫クラスの望月一統は元々馬の扱いに慣れ、塩野も杉谷も矢川神社の主要な氏子村なので、小佐治氏と佐々木高氏（道譽）が矢川神社で合流した時、他の甲賀武士たちと共に望月氏も合流し戦功をあげたのではないか。その論功行賞が先の足利尊氏による地頭任命であったと考えられる。

　即ち昔信州から連れて来られた牧夫たちが古代以来近都牧で働いていて、本貫地の望月姓を名乗っていたところ、南北朝の戦乱の中で他の甲賀武士たちと共に武士としてデビューしたものであると理解したい。

　以上代表的な甲賀武士の誕生経緯を見て来たが、どの家も源平藤橘のような都の貴族に繋げるという歴史的な作用が働いていて判別しにくいが、大きく見ると確かに貴族に繋がる者（美濃部氏、多羅尾氏）、少し都の血が入っていそうな者（佐治氏、伴氏、大原氏、和田氏）、農民から成り上った者（山中氏、望月氏）などに分けられる。さらに落人が甲賀で復活した家などもあり、甲賀武士の出自をワンパターン化することはできないが、どの家も南北朝争乱期を画期として本格的に武士化したことは間違いない。

四　村には多くの城があり戦争もあった

　ではこのように村々にいてそれぞれに武士化していった有力者たちは、半農半武の地侍、或いは土豪、または小領主つまり村単位程度の規模の領主とも呼ばれているが、一体彼らはどんな人達であったのか。室町時代から戦国時代へかけて甲賀に残る文書は山中氏や佐治氏の外にはそう多くはないが、中世の城郭跡は甲賀市内だけでも約二百、旧甲賀郡規模では三百近く残っていて、村の小領主たちの有り様を考える上で重要な歴史遺産である。

甲賀に残る中世城郭跡のそれぞれの形は造られた、または改造された時代背景によって様々であるが、全体を通じて云えることは、少数の例外を除けば次のようになる。

①規模が小さい

②構造が単純なものが多い

③近接して設置されている

昔の村単位で見ても村内に複数ケ所の城を有していることが一般的であり、多い場合には一村に七～八ケ所の城が存在する。即ちここでいう甲賀の城とは単純化していえば、せいぜい一辺が五〇m程度の正方形で堀と数mの高さの土塁で囲まれただけのいわば砦のようなものであった。

このような小型の城が発達した原因の一つはこの辺りの地形にあった。当時の城は丘陵の先端部に作られるので、繰り返される丘陵がなければ城も少なくなるはずである。

ところが杣谷と呼ばれる地域の大半から伊賀へかけての一帯は約二百万～四百五十万年前にこの地に存在した古琵琶湖の湖底にたまった粘土層で覆われており、この粘土層がその後徐々に隆起して浸食されたことで「無《む》従谷《じゅうこく》」とも「樹枝状渓谷」とも呼ばれる、「小さななだらかな谷々とこれらに並行して形成された低い丘陵との繰り返し地形」を生み出した。初めて訪れた人には今自分がどこにいるのか分からなくなるくらい似た谷の入口風景が繰り返される極めて特異な地形そのものが、この城の多さの原因の一つであることは間違いない。口絵の航空写真と中世城跡分布図を見較べていただきたい。

しかし、城は何らかの必要性があって作られたはずでその必要性とは何であったのか、やはり城は攻めたり攻められたりする戦争の道具であり、大原同名中の掟書に書かれた条文でも村人が武器を手に「手はしの（手近の）城」に籠ることを求めており、そもそも城は近隣との戦争の際に籠るためのものであったと理解すべきである。

農耕生活では谷部で稲作をするので村またはそれ以下

の小集落ごとに纏まって水を管理し隣接集落とは水争い・境界争いもあったはずで、中世の前半、村々は自衛するために城を作ったと考えるべきである。湖北菅浦のムラの自衛戦争と同じであろう。

時代が下った戦国時代のものではあるが、甲賀で城がどう使われたかを記す貴重な記録が歴史学者磯田道史氏によって発見されたので紹介する。これは甲賀郡の最南部に位置し伊賀と国境を接する馬杉村に小領主として存在した開田家が残したものである。江戸時代を通じて幾度か書き直されているので、史料によって若干の異同はあるが、大筋はこうである。

「天正元年（一五七三）馬杉村は同村尾崎の城主馬杉開田十三郎によって領知されていたが、馬杉村の住人である小目山なる者が城山の続きの宮山の相論に於いて逆上して、遺恨から尾崎の城へ鉄砲を討ちかけて来た上で、『存念於有之者、藤山館江来候得』と申し述べて伊賀国東湯舟村の城主藤山を頼って逃げた。開田は小目山が不義理であるとして大いに怒り、小目山を偽の計略で誘い出して、馬杉領内で殺害した。今度は藤山の一族が伊賀勢を連れて尾崎の城を夜討にし、十三郎は防戦したが討死した。開田勢は城を支えきれず、下の屋敷へ引きこもったところ、伊賀勢は城を乗っ取った。この時開田の合図の早鐘で瀧同名中の仲間百五十騎が隣村瀧村から駆けつけ尾崎の城を囲んだが、城が堅固で攻め入れなくて困っていた時、太四郎大輔と菅之太輔なるものが門を切り破り皆が突入したので伊賀勢は家に火をつけ退散した。開田はその勢いで東湯舟の藤山を攻め、藤山の一族の杉ノ木を討ち取った」

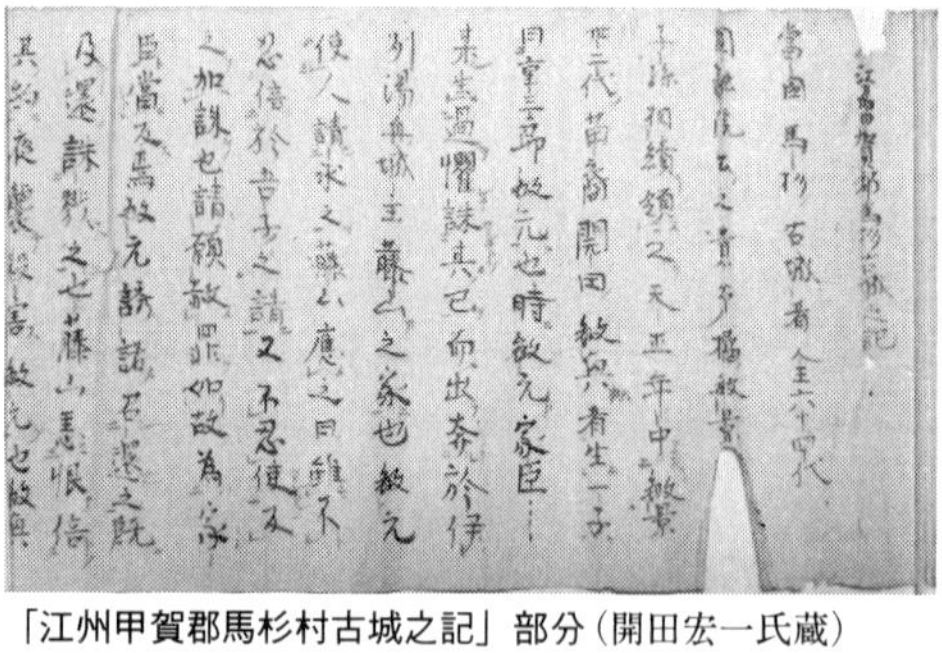
「江州甲賀郡馬杉村古城之記」部分（開田宏一氏蔵）

これで一応終了であるが実は後日談があり、「馬杉開田氏は当主を失い跡取りが居なくなったため同名中内の瀧土佐の次男の参平を養子に受け入れた」とある。

この話は「江州甲賀郡馬杉古城之記」として独立に書かれても

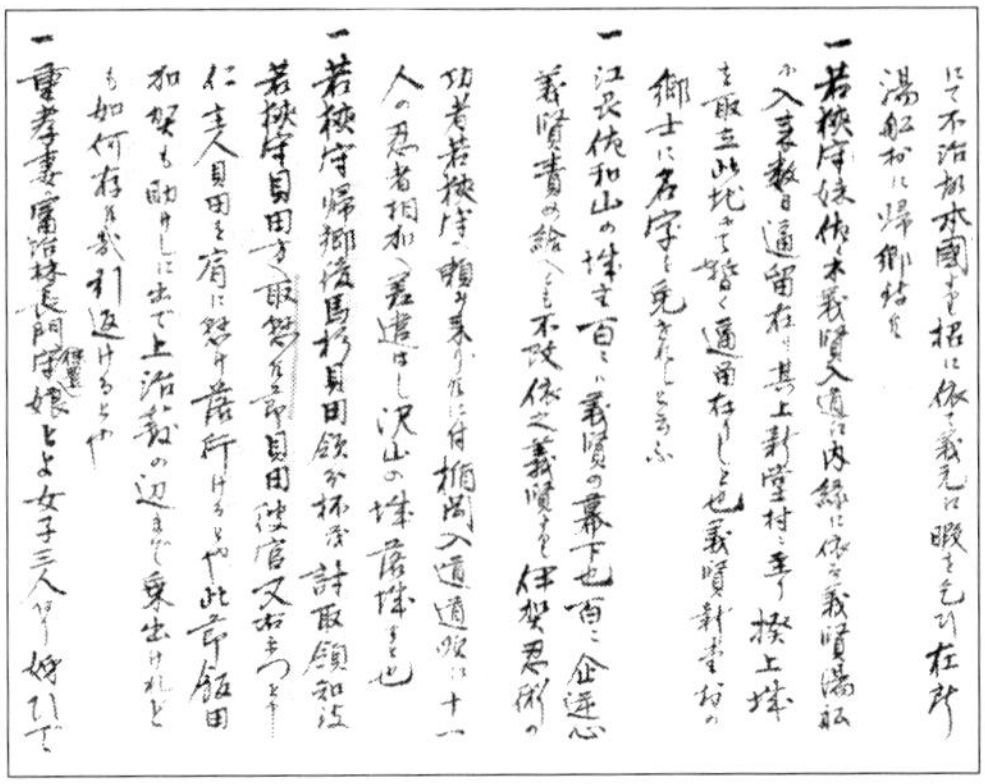
伊室家系図部分（伊室春利氏蔵）

いるが、開田家の系図の中の一部としても書かれてもいる。ということはこの史料そのものが系図史料であるとして軽んぜられ、無視されるのが一般的な取り扱いなのである。

にもかかわらずここに詳しく取り上げるのは、磯田道史氏による本史料の発見の二年後、筆者自身が現伊賀市東湯舟にお住いの伊室春利氏にお目に掛かった際、伊室家の系図の中にほぼ同様の記述を見付け、戦いの相手同士であり国境を挟んで対峙した双方に同じ事実が記載されている以上は、先の開田家の記述は歴史上の事実に間違いないと確信するに至ったためである。

以上から貴重なものが見えて来る。先ず次節で述べる様に同名中《どうみょうちゅう》は平和なものであるというイメージが間違っており、常に緊張を伴っていたことが分かる。小目山も同名中の仲間であったはずだからである。またお互いに城を攻め合っており近隣同士であっても城に籠って戦うものであることも分かる。更に瀧村との間では同名中が完全に機能しており、隣村とはいえ実際は山地を挟んで数㎞離れた瀧（多喜）村から瀧（多喜）同名中の仲間であるとして開田一族の救出に駆けつけており、開田家の存続に対しても養子を提供して協力している。

この国境地帯は、後述の「伊賀国惣国一揆掟書」に於いて「近々伊賀甲賀さかい目の地で甲賀と伊賀で野寄合を行おう」と述べている有名な「さかい目」の地域そのものであることを考えると、伊賀甲賀の間も常に仲が良いわけでなく、部分的には抗争も多かったのではないかと思われる。それでも会って共同戦線の構築を話し合おうとか、近隣のもめ事を乗り越えて甲賀郡レベルでまとまって「甲賀郡中惣」を結成しようという意志は何処からくるものであろうか。信長軍襲来という外圧の要素は無視できないとしても、実はここに甲賀武士や伊賀武士の高度なリテラシーに裏打ちされた大局観のすばらしさが出ているのであり、これこそが後述するように甲賀忍者・伊賀忍者の隠れた本質なのである。

五　甲賀の自治組織――同名中惣と甲賀郡中惣

更にもう一つ中世の甲賀にとって有難い要素があった。それは近江国守護大名佐々木六角氏の性格である。中世、特に室町時代は日本全国で惣村とか郷村と称される農民の自治が拡大した時期であるといわれ、湖北の菅浦に残る地方文書（国宝）には隣村の大浦や京極・浅井家や代官松平氏さらには他所と抗争する村の姿が克明に書き残されている。これに対して湖南の甲賀では守護家佐々木六角氏からの過酷な取り立てがなかったのであろうか、村々では「同名中惣《どうみょうちゅうそう》（同名中とも）」と称する組織を構成する指導的農民層でもある小領主・地侍層に村の運営を任せる自治組織が発達し、戦国末期には郡レベルでの自治を行う「甲賀郡中惣《こうかぐんちゅうそう》」をも成立させるのであるが、六角氏はこれを黙認するのである。地頭を厳しく取り立てに追い立てるような言動を甲賀では取っていない。

長年甲賀郡中惣や同名中惣を研究されてきた長谷川裕子氏の研究によると、永禄十三年（一五七〇）に締結され旧田堵野村の大原氏本家に残った「大原同名中与掟写」は規則を定める「本文」（巻末資料一）と起請文の性格を表す「神文」の部分と三百二十人が署名した「交名」の三部分から構成されるという。

本文は三十二ケ条からなり同名中の構成員が遵守すべき義務や同名中の運営原則などを定めているが、十五世紀・十六世紀の甲賀で、上からの押し付けでなく、自発的にこれだけの共同体を作り上げ運営していたことに感服せざるを得ない。後半の同名中の運営方法に関する平等思想に較べて前半部分の闘争的姿勢からは、やはり同名中は菅浦の農村自治同様に、他との争いを前提に結成されていると思わせる。全条文の翻刻文は巻末に掲載しているので関心のある方はそちらをじっくりご覧いただきたいが、ここでは特徴的な条文を読み下しで少しだけ紹介する。

第一条　他所と地下一揆衆と弓矢・喧嘩等出来これあらば、悪しき中・無音によらず、下知に従う

輩まで一味同心ニ合力たるべき事

村の百姓たち（地下一揆衆）が他所の者と争いになったときは、たとえ普段仲の悪い者同士であっても、村人同士（同じ同名中の者同士）は協力して（外敵と）戦わねばならない。と定めており、同名中の第一の目的が他所との争いに共同して当たる所から出発していることを示す。前節の馬杉村尾崎の城の攻防は正に実例である。

第廿一条　諸商人、他国・他郡・他郷より出入り候を、地下の商人等、兎角妨げの事これあらば、様躰の儀を聞き届け、成敗を加うべく候（以下略）

これは治安維持や警察権や裁判権や仲裁裁定権など「検断権」と云われて、この時期戦国大名や委任を受けた代官にしか認められていなかった行為であるが、これがムラに於いても認められ行われていたところが、甲賀では村人により自治が行われていたと云われるゆえんである。

第廿九条　同名中諸事談合の時、我人多分ニついて同心すべく候。小分として申し破る儀これあるべからず候。万一相紛る事これあらば、その時は、打入れのクジにて相果たすべき事

これは談合（話し合い）のルールを定める条項で多数決を原則として、同数の時はクジで決めること、更に決定すれば必ず多数意見に従い自分が少数意見だからと決定に従わないということがあってはならないと現代の多数決原理そのものである。

次いで「交名」の部分に関する同氏の分析では、十ケ村程度に及ぶ大原同名中の勢力範囲の中で、与掟《くみおきて》に署名した三百二十名中「正規の構成員」である武士層は三十人程度で「若党」を加えても百～百二十人程度、むしろ二百人ほどは百姓層も一家に一人が署名したものではないかという。百姓には一〇〇％の権利は認められていないので、これを以て平等な自治が行われていたなどとはとても言えないが、それでも村の自治を委ねられた

同名中の中に村の人口の多くを占める百姓たちを取り込まざるを得なかった実態が見えて来る。同名中の正会員ではないがムラの多数を占める住民である百姓たちに実質参加させることでムラ全体の総意を作りそれに基づく村経営を行う一方、百姓たちをいざと云う時の戦力として確保することが出来たのであろう。

　これだけ話し合ってもそれでも村内で紛争ないしは殺傷沙汰になるなどは起こり得る訳で、そのような場合には近隣の他の同名中が仲裁に入る等、相互に連携が行われている。同名中同士が紛争に陥るようなケースでは、他の中立の近隣同名中が仲裁するなどが行われた。このような段階を経て、例えば生産・生活活動圏が近い近隣の同名中同士が地域毎に協定を結ぶことで、同名中の地域連合体を形成する例が出て来た。

　具体的には伴・山中・美濃部の三つの同名中が結成した「三方《さんぽう》」の存在がよく知られており、「三方、起請文を以て申し合わす条々」という協定書が存在する。

　更にこの動きは甲賀郡全体にまで波及し、甲賀郡全体の規模で同名中同士が団結し、「甲賀郡中惣」を結成することになった。

一、夜討強盗山賊并不知主人ヲ害仁躰、不寄上□(下)(カ)可作生害事、
一、於三文領中ニ盗人之輩、至手前、可討留事、
一、為其同名、各人申付旨、若違犯之輩在之者、三方一味ニ可成敗事、
一、毒害等取扱仁躰同罪たるへく候事、
一、各人告知ル仁躰者、縦雖為同類、除其咎、拾貫一振可褒美、但依咎可有軽重事、
一、盗賊人之崇敬仕間敷候事、
一、若党并百姓計之旨之儀、三万同前ニ方々申付可相破候、若三方之外何方へ組候共、可為棄破事、
一、此申合於一儀ニ若相違之仁躰在之、同名ヲ放シ永代三方一味ニ用ニ相立間敷候事、
右此旨相背申間敷候、若私曲偽在之者、此霊社起請文御罰ヲ弥厚可罷蒙者也、仍霊社起請文前書如件、

永禄九丙寅十二月十五日　　伴同名中惣
山中同名中惣
美濃部同名中惣

何も連判候也

三方以起請文申合条々（山中文書）

実際の結成時期は元亀二年（一五七一）の郡中惣名義の文書が存在することから、伊賀の同様の自治組織である「伊賀国惣国一揆」が結成された天文末～永禄年間（一五五二～七〇）に甲賀郡中惣も結成されたとされているが、私見では郡規模での情報交換や相互扶助は十五世紀の中期以降室町幕府の被官としての活動や六角氏の被官としての活動の際に甲賀武士同士が共同活動する中で育まれていたのであろう。甲賀郡中惣の規約自体はまだ見つかっていないが、「惣国一揆掟之事」（巻末資料二）が甲賀武士山中家の文書（現在は伊勢神宮文庫所蔵）として残されていた点から見て、当然甲賀にも同様の掟書きが存在したはずである。

甲賀郡中惣の日常的な運営は地域毎に選ばれた通常総勢十人、時には十二人の奉行（代表者）たちによって行われていたことが知られている。奉行たちによる裁定などの談合（話し合い）は多くは矢川神社や油日神社の神前で行われ、決定内容は「甲賀郡中惣」の名において告知され、被告人や被裁定者への通達はそれらの神社の社頭例えば巻頭口絵写真の「下馬前」などで行われた。決定の最終的権威を神に求めた点や恐らく奉行の選出方法に制約があったであろう点で現代と異なる点もあるが、これは代表制民主主義の原点とも云える政治形態であって、当時の甲賀武士が高度な知識と倫理観とバランス感覚、そして先送りしない決定力、実行力、さらに総合的な政治力を合わせ持っていたことを示している。

一見同じような農村自治を行った湖北の菅浦の自治においては、一村の中に籠りムラの中では仲良くするが、ムラの外に対してはひたすら戦うという姿勢が見られるのに対して、湖南の甲賀に於いては、お互い戦うことを前提に出発したムラの自治としての同名中（惣）ではあったが、同名中同士が抹殺し合うのではなく、逆にお互いが共存するにはどうすべきかを模索した結果として、甲賀郡中惣の自治政治形態に到達したということである。

このようなバランス感覚の良さは何処から来るのであろうか。それは高い倫理観と深い知識レベルに裏打ちされた、相手のことも考えることのできる高度なリテラシーを身につけた人々が大勢いた、当時の甲賀郡のレベル（民度）の高さから来るものであった。アメリカ占領軍に押し付けられた民主主義であると軍国主義を懐かしがるものさえいる現代人の浅はかさに較べて、押し付けられずに自主的に考え話し合って民主主義の萌芽を見付けた当時の甲賀武士たちの人間としてのレベルの高さに感服するばかりである。

六　甲賀武士たちの被官化

この時期の甲賀武士の特徴の一つが室町幕府への被官化である。最初のきっかけは明確になっていないが、南北朝戦乱の中での従軍、特に北朝方への従軍ではなかったか。北朝を支援した足利尊氏が室町幕府を開き、観応の擾乱で高師直や足利直義が歴史の表舞台から去った後も、一貫して足利尊氏を支え続けた近江の有力武将佐々木高氏（道譽）が京極氏を名乗りつつ近江の守護となり、幕府内でも管領家に次ぐ地位を占めたことが影響したのであろう。北朝方に従軍した多くの甲賀武士が尊氏の興した室町幕府に、道譽の推薦をバックにほぼ自動的に被官として採用されたと考えられる。

南北朝の争乱の時、山中氏や小佐治氏など多くの甲賀の者達が佐々木高氏に従って参戦、正規の軍隊として中世らしく騎馬で近畿一円を戦って廻った。この時バサラ大名と呼ばれた佐々木高氏が勇猛な武将として評判になっただけでなく、実はその下で実際に戦った甲賀の者たちの勇猛さや、賢明さや忠誠心が足利尊氏に高く評価されて、その後の甲賀奉公衆への起用に結びついたものであろう。甲賀の者達は武士として有能であるとして採用されたはずだからである。

この甲賀の者たちのうち山中氏のみは管領細川家の武門として個人的に採用され、細川家の軍として主に摂津・河内方面で三代にわたって活躍したことは先にも触れた。山中氏を除く佐治氏（元小佐治氏）以下の北朝参戦組の多くが室町幕府の被官となったのではなかろうか。被官とは雇われ官僚であるが室町幕府では中級官僚としては奉行衆と奉公衆がおり、奉行衆が行政官であるのに対して奉公衆とは将軍の身辺警護を担当し将軍の外出時など輿の前後を護衛する親衛隊であった。

甲賀の者たちはこの奉公衆に採用され将軍の警護を担当するのであるが、この時「甲賀奉公衆」と呼ばれて一般の奉公衆とは異なる特別の任務を果たしたという。それは全国から採用された一般の奉公衆が将軍の輿の前後を徒歩で行列して護衛するのに対して、「甲賀奉公衆」は数十人が騎乗して輿の左右を護衛する特別の役割を任されていたのである。

甲賀奉公衆としては佐治氏の外に岩室氏、種村氏、玉木氏、亀井氏、服部氏、大原氏、鵜飼氏、望月氏、内貴氏などが知られているが、実際にはもっと多く数十人規模で採用されていたのではないかと云われており、和田氏や馬杉氏なども室町幕府被官の伝承があり、さらなる調査研究が必要である。全体的に後の甲賀五十三家とか甲賀二十一家に登場する甲賀で有名な家名が多いが、同名中に冠された家名ではなく、同名中の被官（家来）と思われる家名もある。種村氏、玉木氏、亀井氏などである。亀井氏は瀧同名中の構成員であることが分かっており、同じ同名中から本家と分家、或は分家と家来の家といった具合に複数で被官になっていたケースもあったのではないか。

別の視点で見ると、同名中は同じ姓を名乗る者達だけの集まりでなく、「擬姓的結合」とも表現されることがあるように、中心になる有力武士は同姓の者達（例えば惣領家と分家、庶子家）であるが、同じ村内に住む別の姓を持つ武士も自分の城は別に持つが、村の自治的にはその同名中に参加させてもらうことになっていたことを示している。

なお、『応仁別記』と云う物語の中の記述ではあるが、応仁の乱以前の段階で畠山義就を追って、金剛山方面への軍勢催促を受けて、鵜飼・望月と云う甲賀武士が関・長野・北畠と云う伊勢の武士と共に将軍方の京都近国の軍として参陣していることが記述されている。甲賀は奉公衆としてばかりでなく、時には南北朝期同様に正規軍としても出陣していたことを示している。

この時期の甲賀武士の理解の難しさの一つは、甲賀武士たちは室町幕府の被官にもなったが、六角氏（或は京極氏に対しても）の被官にもなった点である。近江守護佐々木家への被官化もいつどのような形で行われたのか、詳らかではない。ひょっとして近江守護佐々木家の側にあったかも知れない源平合戦時代からの甲賀の者達へある種の贔屓感情が作用した可能性も否定できないが、室町幕府に採用されるのと同じように、佐々木高氏への臣従を通じて自動的に佐々木家の被官となった可能性が高い。その時点では惣領家の六角氏に対して分家の京極氏の方が幕府内での地位も上で、かつ六角氏と京極氏の反目もまだそれほど激しくなかった時期なので、甲賀の者達が佐々木家に帰属することで収まっていたのであろう。

その後六角氏と京極氏が近江国内で支配地を巡って激しく争うことになったとき、ほとんどの甲賀武士が地理的な要因で六角氏に臣従したのであろう。湖北を根拠とする京極氏に臣従することは、湖南の甲賀の中での立場も弱まるので、余程縁故であるなどの理由が無い限り取りにくかったはずである。それにしても京都に仕えることと、六角氏の本拠地安土の観音寺城に仕えることを一人の人間が同時に行うことは至難の業である。実際にはそれぞれの同名中の中で、京都勤務組と安土勤務組に分けて分担されていたはずで、兄弟で分担するとか、惣領家と庶子家で分担するとか或は惣領家と同名中の被官で分担するとかが行なわれていたと思われる。

実は同じ時期に残された文書なのに、京都で発行された文書と安土で発行された文書で同一の同名中宛てであるのに宛名が異なることが結構ある。これは同名中内で京都勤めと安土勤めを分担していた証拠であろう。

但し、佐々木六角氏の本拠地である安土の沙沙貴神社に懸る「天文十五年(一五四六)の宮座配置を示す額」には、三番目の宮座には明らかに甲賀武士和田源内左衛門源正徳の名があり、八番目の宮座にはその座の主津田氏が祀るべき神としては「甲賀大明神」六角高頼の霊であると規定されている。本来十二座すべてを佐々木氏の血縁で固めるべき場所になぜ甲賀武士や「甲賀大明神」が登場するのか。これらの「甲賀武士への異常とも云える厚遇ぶり」は「佐々木氏と甲賀武士の最初の出合い?」や南北朝時代の(佐々木高氏を通じた)臣従や更に長享の変における甲賀武士の献身に対する佐々木家としての感謝の印であったのかも知れない。

このように和田氏が佐々木氏に対して早い時期からある種特殊な関係に陥っていた可能性があるが、同様の関係が管領細川家に対する山中家や、一色家に対する佐治家といったように室町幕府の守護大名家に対する特定の甲賀者の献身関係が認められ、これも被官の一例とも云える。

ずっと後のことではあるが、室町幕府第十代将軍足利義材が六角高頼を甲賀郡に攻めた時、甲賀武士たちの主

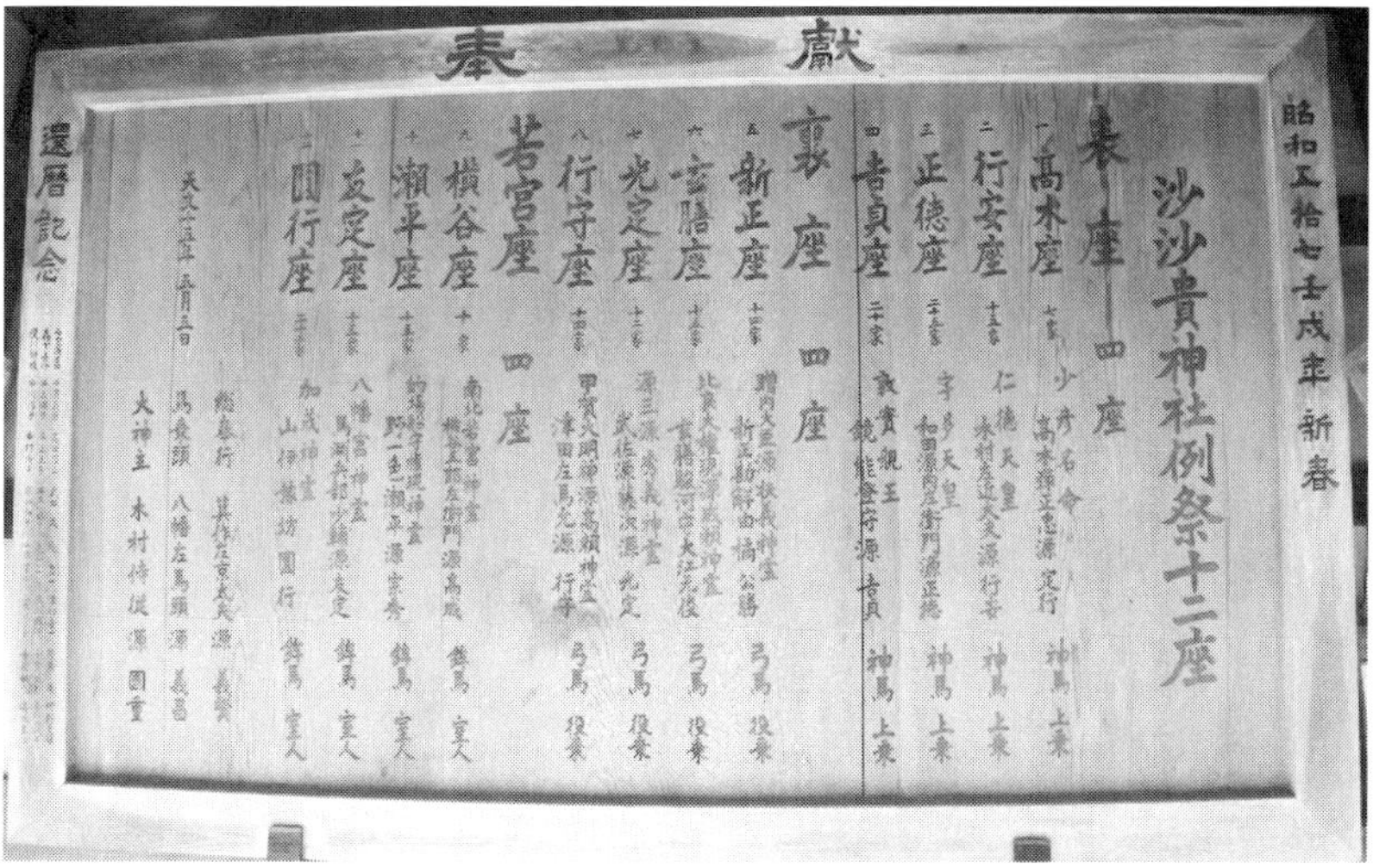

安土 沙沙貴神社の懸額

力は六角高頼について甲賀郡内に散開し、伊賀とも連携を取って迎撃態勢でいたのだが、これを攻めようとした義材に対して「甲賀の郡衆」が「神かけて誓いますが高頼はもう逃げて甲賀に居りません」「ですからもう甲賀を攻めるのは止めましょう」と陳情したという記録がある。

　実はこの時高頼は未だ甲賀郡内に隠れていたと云われており、これは正に「甲賀の郡衆」と呼ばれている室町幕府被官の甲賀武士と、六角高頼を守って甲賀郡内に散開した六角氏被官の甲賀武士が組んで打った大芝居で情報戦そのものであった。義材はこれを信じて甲賀攻撃を取り止め、甲賀は戦場にならずに済んだが、この辺りに甲賀の者達の忍びの者としての素養が見え隠れする。

七　中世甲賀の天台宗と飯道寺の修験道

　平安時代に甲賀に広く深く定着した天台宗は、余程強力に地盤を護ったのであろうか、いわゆる鎌倉仏教と云われる新しい仏教宗派に席巻されることはほとんど無かった。中世段階で云えば、わずかに野洲川本流最奥の土山地区で臨済宗が少し進出できただけであった。杣谷では中世戦国段階では天台宗が地盤を守り切ったと云える状況であった。

天台宗にとってさらに有利であったのは、甲賀の神社の大半が遅くも中世前期には天台宗と神仏習合し、古代の甲賀人の心の中心であった矢川神社や油日神社、飯道神社などほとんどの神社の神主が、神仏習合して同じ境内に居住することになった天台宗寺院の僧によって兼帯（兼務）され、地域の宗教行事がほとんど全て天台宗の僧侶によって差配される状況になっていたことである。地域と天台宗が一体化する状況が各村で生じていたと云えよう。

古代甲賀杣の中心とも云える村であった杉谷村が平安時代末から鎌倉時代にかけて天台宗寺院の密集地になっていたことは先に述べたが、中世のこの地域の状況が分かる史料は少ない。

例えば和邇氏の一族やその後やって来た池原杣荘の役人たちが中世になってどう振る舞ったのか一切記録が残っていない。ただ天台宗時代の正福寺にはこの頃に制作された国指定重要文化財の仏像が複数祀られていること、更に勢田寺（清田寺）には鎌倉時代建立の宝篋印塔が二基残り、その一基には「正和五年（一三一六）六月十一日」という年号と共に「一結衆造立之　敬白」と刻まれていることくらいである。

なお余談になるが、平成二十九年の暮れに忍者がらみで我が家の庭の片隅を正式に学術発掘していただいた。目的の忍者関連情報は期待通りには得られなかったが、実は表土から八〇cmほど下に鎌倉時代の信楽焼のかけらが結構豊富に見つかった。沖積層が八百年間で八〇cm積み上がったという科学情報の外に、六古窯の一つとして日本遺産になった「信楽焼」が当然といえば当然であるが窯元から一〇～二〇kmはなれた杉谷村でごく初期からさりげなく日常的に使用されていた形跡を知ることが出来た。また天台宗寺院を多数擁する杉谷村は主要産業の活動状況は良く分からないながら、それでも相変わらずそこそこ豊かではなかったかと想像できる。

南北朝時代に望月次郎左衛門尉の先祖が足利尊氏から杉谷村の地頭に任命されたが、この次郎左衛門尉の先祖が村でどのような動きをしたかの記録は今の所一切見付かっていない。村に寄進等の記録がなく、天台宗の寺々に対して何らかの働きかけがあったのかも不明である。

しかし、室町時代・戦国時代を通じて杉谷村では四～五の天台宗寺院が存在し続けた。

それどころか隣村の新宮上野村にはかつて丈六の阿弥陀如来坐像を祀る天台宗の新宮寺があり、文明五年（一四七三）には時の関白一条兼良が旅の途中にこの寺に宿泊したことが、兼良自身の旅日記『藤河之記』に記録されている。実は江戸時代初期にこの仏像が解体されて京都鳴滝へ運ばれ西寿寺の本尊となったことが文化財調査の結果判明している。さらにこの地区には文明十七年（一四八五）に建造された楼門（国指定重要文化財）も残っており、全国的には応仁の乱後の疲弊状態である最中にもかかわらず、杣谷全域がこの時期いかに豊かであったかを示している。

ところで、飯道山の上では古代既に飯道神と南都仏教と天台仏教と三つ巴状態になっていたが、平安時代から鎌倉時代へかけて上皇や天皇、貴族や都人を巻き込んだ霊山巡り・修験道の大ブームがあり、先ずは吉野山・大峰山や熊野が脚光を浴びたが、いかにも遠距離で不便であった。その時ほど良い規模と都からの距離を備えた霊山として飯道山が注目されたのであろう。平安末期から鎌倉期頃、飯道山は単なる山寺群から修験道のお山に変化して行くのである。

時期は不詳ながら遅くも鎌倉・南北朝期までには天台宗系の僧坊が、本山延暦寺の密教要素の増大に合わせた如く飯道寺を本山派修験道寺院化する一方、弘法大師空海以来東寺を通じて朝廷に深く関わっていた真言宗の醍醐寺三宝院が、南都仏教系の山寺を取り込む形で、真言修験の当山派正大先達寺院として「梅本院」と「岩本院」を飯道山に設けることとなり、飯道山は全国に影響力を持つ修験道の道場山となっていった。

室町時代全国に三十六あったという正大先達寺院はその後江戸時代には全国に十二しかなくなるが、その正大先達寺院十二寺院の内の二寺院が「梅本院」と「岩本院」となり、この間にも「梅本院」と「岩本院」は全国的な影響力を強め、山伏の任命権（補任状授与）や大峰山での自由活動権を取得していった。

その結果、飯道山は九州から津軽まで全国各地に飯道山山伏の弟子筋を抱えることになる。残された記録によれば室町幕府第八代将軍足利義政の御台所日野富子が飯道山を参詣しており・貴賤合わせて飯道山詣でが流行していた模様が分かる。

こんな修験道内部の主導権争いとは別に、現実の飯道山山伏の多くは地元の天台宗寺院の檀徒であり、飯道山上では真言宗系の規律に服し、醍醐寺と「梅本院」ないしは「岩本院」の大先達から当山派の補任状（任命書）を受け取るものの、地元へ帰ると天台宗徒として活動すると云う変則状態を数百年間続けたのである。

関谷和久氏の調査によると、南北朝期後半永和・明徳年間（一三七五～九四）の約二十年間だけで飯道寺への大般若経の寄進が六十八件認められ、その寄進者の顔ぶれの多彩さから、既に南北朝時代から飯道寺の修験道寺院としての盛況ぶりが偲ばれると云う。越前阿闍梨、大隅阿闍梨、伊勢阿闍梨、出雲公など他国の者と思われる寄進者が居る一方、多くの地元寄進者と共に甲賀武士と思われる望月殿、谷殿、鵜飼殿等が寄進者になっている。特に望月氏、鵜飼氏は飯道山から数㎞圏の近隣甲賀武士として知られており、十四世紀末に既に地元で武士としての扱いを受けている点で、南北朝争乱期での彼等の甲賀武士デビューを裏付けるものである。また本件望月氏が杉谷村の地頭望月次郎左衛門尉またはその息子である可能性もある。

このように飯道山は山伏の修行の場として「梅本院」や「岩本院」が一般人を受け入れたので、僧侶を目指す必要のない地元の侍層（同名中の構成メンバー層）の子弟にとっては格好の教育機関としての役割を果たした。

磯田道史氏の調査によると、その結果戦国時代の甲賀における識字率は、当時自分で聖書を読むことを目指したプロテスタントが多かった中央ヨーロッパ（ドイツ辺り）と同等かそれを凌ぐ位であったという。このリテラシーの高さや各種知識の豊富さ武術の強さが甲賀の自治を育み、甲賀の若者を飛躍させて行くことになる。甲賀忍者の基礎の一つがここにあった。

このような時代の役割を担う飯道山であったが、天正九年（一五八一）天正伊賀乱での伊賀攻めの道中、信長が甲賀武士たちに案内されて飯道山に上り「国見」を行っており、飯道寺に対して寺領を安堵している。また慶長五年（一六〇〇）の関ケ原の戦において、西軍について敗戦した島津義弘が関ケ原を中央突破して危機を脱し、最後鹿児島まで帰還したことはよく知られているが、天理大元教授の平井良朋氏によれば、島津軍がこの

当寺領近年
令知行分事
聊以不可有相違
如有来全令
進止之、可勤
寺役之状如件
天正九
十一月廿七日
朱印
飯道寺

飯道寺宛織田信長朱印状

時最初の夜を明かしたのは飯道山上であったという。目と鼻の先の水口岡山城へ戻った城主長束正家は許されず日野での自刃に追い込まれたのに対し、島津一行は匿われ、大神山（三輪山）平等寺経由鹿児島へ密かに送り出されたのであった。これは飯道山山伏と薩摩山伏たちの全国ネットが活かされた成果であった。またこれらはいずれも当時飯道山が全国的に見ても無視できぬ存在感を有していたことを示している。

八　豊かな里甲賀

少し話を急ぎ過ぎたので若干話を戻そうと思う。中世の甲賀のたたずまいをもう少しだけ述べよう。多数の城があって同名中惣という社会組織もあって、守護からは自治を許されているとなれば、局部的な争いを除けば甲賀の人々は全体としては豊かにのびのびと暮らしていたのではなかろうか。天台寺院は庶民が建てるものではないが、仏像や神社や楼門などは地域の豊かさを反映した形で増えてゆくものであろう。

少し後の時代であるが、信長が安土に城と城下を建設した時、実は多くの建造物が甲賀から安土城下へ移設された。冷害が多かったという中世段階でさえ、甲賀には搬出するに足る上質な寺社や建造物、仏像等がかなり大量に蓄積されていたのである。

甲賀から移された摠見寺三重塔

信長によって安土山に創建された摠見寺へは本堂（土山の正等院から）・楼門（水口の柏木神社から）・三重

塔(石部の長寿寺から)などが甲賀から安土へ移設された。これらのうち楼門と三重塔は現存し国指定の重要文化財である。

外にもこの時期甲賀から持ち出された文化財は多く、園城寺(三井寺)の楼門、天台真盛宗大本山「西教寺」(明智光秀の菩提寺)の本尊丈六阿弥陀如来坐像、京都鳴滝の「西寿寺」の本尊丈六阿弥陀如来坐像等である。これだけ多くの文化財を持ち出しても、まだまだ中世・戦国時代から今日まで甲賀に残る文化財も多く、これらは甲賀の人々の信仰心が篤く、かつ経済的にも豊かであったことを示している。

佐々木家が近江国の守護であった鎌倉幕府発足以後の約四百年間、この地では甲賀独特の風土と歴史を積み重ね、甲賀らしい武士の誕生があった。武家の時代という基本から離れずに重層した歴史が発酵することで甲賀らしさを築いてきた。発酵して出来上がったものは、それは戦乱のつづく時代でさえも豊かに暮らせる社会であり、それを達成するための自治の組織であった。

しかしこれらすべてを成し遂げるのは人であり、その人を育てることが出来たことこそが中世・戦国期の甲賀の凄さではなかったか。武士の時代を生き抜ける高い教養を身に付けた人材を大勢生み出し続けることが出来たことが中世・戦国期の甲賀の際立った特色であった。甲賀忍者誕生の下地である。

第三章　甲賀忍者の誕生と活躍

──第三者の目が見たもの

一　鈎の陣─甲賀忍者参上

第二章では甲賀忍者が生まれる以前の甲賀の姿を紹介して来た。そこでは古代からの文化・文明レベルの高さや、甲賀が蓄積して来たものの多さ、とりわけ多面的に優れた民度と感度の高い多くの人材の醸成が行われてきたことを指摘した。ここからはいよいよ本題の甲賀忍者の話に移ろう。そのためには先ずは甲賀に忍者が誕生した状況を述べなければならない。

十五世紀の後半、六角氏は本拠を京都から近江国安土の御館に移し、従来の守護代・城代任せから転換し、当主が自ら領国経営に乗り出していた。京都にいて幕府の要職を務める守護大名から、在国して領地支配を徹底する戦国大名への転換の過程とも云える。

他方近江に荘園や領地を持つ寺社権門は、応仁の乱が落ち着いたので、乱で荒らされた荘園や領地が元通り自分たちの手に戻ってくることを期待していた。ところが、六角高頼は自らの支配力を強めるためにも配下の武士たちに領地を分け与える必要性があり、高頼は配下の武士たちが寺社権門の荘園等を横領（武力で領地を奪い取る事）することを放任し、認めることとした。

結果として乱が終わったのに寺社権門には元の領地（荘園）が戻って来ず、収入が途絶えて困窮した寺社権門は幕府に訴えて出た。時の第九代将軍足利義尚はこの訴えを認め、六角氏一統が横領を止めるように裁定したが、高頼はこれに従わず横領を続行した。そこで義尚は長享元年（一四八七）全国の兵を引き連れて近江へ進軍し、高頼を討つこととなった。これが長享の変または鈎《まがり》の陣と呼ばれる事件である。義尚は京の寺社権門の期待を背に受けて華やかな隊列を組んで京の街を進発し、まず坂本へ進出し、次いで栗太郡の鈎へ布陣した。

義尚軍の先兵の活動に対し、緒戦の段階で高頼は安土の観音寺城を放棄し味方を連れて甲賀郡へ没落（逃亡）した。これを受けて甲賀武士たちは高頼を支援することを決め、追いかけて来た義尚軍の攻撃を甲賀郡内でのゲリラ戦で迎撃した。この時甲賀郡内の多くの城がゲリラ戦の拠点となり幕府軍の攻撃を防ぐことが出来た。低い山と谷が繰り返す甲賀独特の地形とその丘陵の先端部に築かれた無数の城が甲賀勢に有利となり、幕府軍は横や背後からの襲撃を恐れて深くは攻め込めず戦況は膠着状態となり持久戦となった。

幕府軍の主力は鈎の陣に戻り、緊張感が薄くなったころ、冬の寒い中を甲賀武士たちは鈎に現われ、煙と共に幕府軍を夜襲したという伝承が甲賀に残る。幕府軍は混乱に陥り一説では将軍義尚はこの時負傷したとも云う。権力者側の記録には甲賀勢の逆襲やまして将軍の負傷などと書かれることもなく、後の書『重篇応仁記』には「高頼は已の居所観音寺山の城を落ちて、山賊の望月山中和田といふ者を頼み甲賀の山中に隠れぬ」などと書かれている。しかしこの甲賀武士たちと高頼の抵抗は長期

（前略）

近江国住人佐々木六角四郎高頼近国に在りながら其後上洛することなく、公方の御下知に従はず我意に任せ逆意を振ひ剰へ山門の領を妨げあらんとて時は長亨元年九月十二日江州へ御進発あり其日は坂本に着かせ給ふ。此に暫く御陣を召され越前守護朝倉氏景の家督弾正左衛門孝景多勢を催し攻上りて味方に加はりける。頓て高頼を攻られければ高頼が一家を盡し出向で合戦に及ぶといへども新将軍家武勇を励まされ御供の人々我劣らじと攻戦ひける程に、終に高頼一戦に打負け已の居所観音寺山の城を落ちて山賊の望月山中和田といふものを頼み甲賀の山中に隠れぬ。然れども此甲賀山は深嶺幽谷跡絶て輙く攻入がたければ一旦には滅され難し。連々に御誅伐あるべしとて十月四日新将軍家坂本より湖上を御船に召され安養寺に御陣を替られけり。

（後略）

重篇応仁記（罫線は筆者による）

化し、一年半後に将軍義尚が鈎の陣中で二十五歳の若さで没する事態となり、哀れにもその遺骸は母親の日野富子に護られて帰京した。

勝負はついておらず、義尚は父の義政の干渉を避けるため意図的に鈎に逗留したのであり、鈎はいわば臨時首都であって、甲賀武士が勝った訳でないと説く学者もいるが、これは負け惜しみでしかなく、大将が死に軍隊が戦場から撤退した以上は将軍の軍の負けであり、高頼と甲賀武士の勝利であった。現に罪悪人とされた六角高頼は正式に許されて無罪放免となった。

実はこの事件の副次効果は大きかった。将軍について全国から従軍していた兵たちがその後故郷へ帰国した時、この鈎の陣での体験、特に甲賀武士の凄さと恐怖体験を語ったため、日本中に「甲賀には物凄い忍び衆が居る」とのうわさが広まったのである。これが甲賀の忍び、今流にいうと甲賀忍者が世に登場したきっかけであった。

大事なことはこの時甲賀にいたのはあくまで甲賀武士であり、自分たちからは甲賀の忍びとは名乗っていないということである。甲賀の忍びとはあくまで第三者である世間が勝手に云いふらしたことであって、当時の甲賀武士たちはあくまで自分たちの流儀の戦い方をしただけで、自分たちが忍びであるとの認識もなかった。別の云い方をすると、甲賀忍者という存在があるのではなく、甲賀武士が行った仕事の内容なりその質が当時としてはあまりに高かったために、「これは甲賀の忍びが行った仕業に違いない」と勝手に理解されたのであって、甲賀忍者とは甲賀武士が行った仕事の成果であると云えよう。

この戦いで活躍して戦果を上げた甲賀武士に対して六角高頼は当時の慣例である感状（感謝状の事）を五十三枚発行したのであるが、結果として五十三家の甲賀武士が後世までも鈎の陣参戦の勇者として「甲賀五十三家」として取り上げられる武門の家柄のブランドとなった。

この時の感状の実物が発見されていないので、甲賀武士が活躍したこと自体を疑問視し、もう五十三家の手柄話や忍者話をするのは止めようと云う意見もある。しかし、これは「将軍が出陣し、高頼が没落して甲賀へ逃げ込んだが、将軍は甲賀を攻め落とせなかった上、鈎で死んで京都へ生きて戻れなかった」という歴史の事実がある以上、地元に残る伝承や起こった事態を重視して歴史を考察するのが地方史を語る者の正しい姿勢であり、証拠の史料がないので地元伝承を無視すると云うのは中央の権力者史観であり、文献至上主義者の姿勢である。

この他にも特に活躍した者達として「甲賀二十一家」と云うブランドが存在するが、こちらの方は後世の有力者ばかりを含み、このブランド自体が後世の作り話である可能性がある。

ところでこの戦で甲賀武士たちは守護六角高頼を匿いはしたが、高頼の指揮に従って戦った訳ではなく、あくまで甲賀武士たちの自主的な戦いであった。しかも甲賀武士団には奉行やその場のリーダーは居ても、絶対的な首領が存在した訳ではなかった。ヒエラルキーの頂点から降りて来るような命令がなくても、甲賀武士たちは自主的に判断して行動してそれでいて仲間と連携を保ちつつ敵と対峙することが出来たと云われている。実はここに後の時代になって「甲賀忍者」「伊賀忍者」と呼ばれるようになった本質があった。

多くの書物で忍者・忍術の起源について孫子の兵法にある「用間」や「間諜」を取り上げて二千年以上の歴史があると得々と説明しているが、これは重大な間違いを犯している。同様に日本の忍者の最初は聖徳太子であるとか、或は大海人皇子であるとか、さらには源義経や楠正成であると説明されることも多い。しかしこれも根本的に間違っている。

ここに挙げたような人物たちはそれなりの武術を身に付けていたかもしれないが、基本的に彼らは指揮官でありトップリーダーとしてチームや部下を指揮しただけのことであった。そのチームや部下は指示された通り攪乱作戦や陽動作戦や情報戦を行っただけに過ぎない。

孫子の兵法とはあくまで君主が敵と戦う時にどんな作戦で部下を使うべきかを説いているのであって、この場合部下は誰でもよいのである。その作戦の一つに、戦いに臨んで先ず敵の情報を採る「間」とか「諜」というやり方があるので、それを君主たる者はうまく使えと云っているのである。前述の聖徳太子以下の日本のリーダーたちもこの孫子の兵法を実行しただけのことである。

ところがこのような間者を用いて敵の情報を盗むとか情報操作するといったことはなにも孫子の発明でなく、実は五千年以上昔のエジプトやメソポタミアで普通に行われていた世界共通の作戦なのである。つまり君主に雇われたスパイは五千年以上昔から世界中に存在したのである。

では甲賀武士が忍者的に働くとき、どこが違うのか。それは孫子の兵法では絶対的な唯一無二の指揮官が居てチームや部下を指揮して命令通りに動かすのに対して、甲賀ではこの絶対的な指揮官が居なくても、甲賀武士全員に分かるように目標設定さえされれば、甲賀武士同士が自主的に行動して目的を達成することが出来るということである。

勿論孫子の兵法を実行する際も部下や部隊を訓練してより高度な成果を得られるようにレベルアップすることはできる。しかしこの場合上意下達の命令が無い限り、部隊は動かず、部下は勝手な行動をしてはいけないのである。

これに対して甲賀武士たちは同名中や甲賀郡中惣の中で行われたように、一次情報を共有することが出来れば、後は仲間で話し合い、時にはお互い離れていてさえも、個々に判断して的確な行動が出来たということである。即ち甲賀武士たちはお互い横の関係で対等であり、それぞれがお互いを信頼でき、的確に判断でき、的確に決断・行動できる、それだけのレベルの高さを個々の甲賀武士が身に付けている。そこが孫子の兵法に於ける優秀な部隊と甲賀武士団との決定的な違いである。

実は先年来韓国から「忍者は朝鮮半島の生まれである。日本の独自のものではない」と言い張る人達が居る。恐らく中国でも孫子を振りかざして「忍者中国発生説」を言いふらす人達が出て来るだろう。しかし、忍者は長享元年（一四八七）年日本で生まれ、日本にしか存在しない民主主義と隣人理解の精神を踏まえた高度教養集団であるとして、明確に差別化をする必要がある。

二　甲賀武士の全国展開、他藩進出

室町幕府が弱体化し戦国時代へ向かう中で、戦国大名たちは有能な甲賀（や伊賀）の武士を採用しようと画策し、その四十〜五十年の期間に多くの甲賀武士が他国の大名へ仕官したと云われている。必ずしも個人個人を特定できている訳ではないが、川上仁一氏の研究によると、甲賀や伊賀のほか各戦国大名の下で育成された全国で五十余りの忍術流派の八割以上は甲賀または伊賀に根源を有するという。一時的な支援、長期的な協力、或は完全な移住等やり方は種々異なっても、甲賀、伊賀から学ぶことが行われたのであった。

この時期、実は忍びばかりでなく、甲賀を出て武将として他国の大名に仕えた甲賀武士もいた。信長の父織田信秀に仕えた池田恒利(信長に仕えた池田恒興の父、家康に仕えた姫路城主池田輝政の祖父)、信長や足利義昭に仕えた和田惟政、信長の四天王の一人と云われた滝川一益、少し後になるが秀吉に仕えた中村一氏や山中長俊などである。この他にも居たと思われるが、仕えた大名が負けて滅びたり或は低迷して他に吸収されたりした場合には世に出ることがなかったかもしれない。

ここで武将ではないが戦国時代に甲賀を出て活躍した甲賀由縁の人物を紹介しておきたい。先ずは施薬院全宗《やくいんぜんそう》である。全宗は飯道山の東側の麓三大寺村の生まれと云われているが確証はない。飯道寺にある天台系僧坊を経て坂本にある延暦寺の里坊「薬樹院」で薬草学の修業中に信長軍による比叡山焼き討ちに遭遇し、やむなく京に出て当時飛ぶ鳥を落とす勢いであった曲直瀬道三《まなせどうさん》に医学を学んだという。その後とんとん拍子に秀吉の侍医となり、比叡山焼き討ち実行者であることに悩んでいた秀吉から比叡山復興の資金を引き出すのに成功し、お陰で比叡山延暦寺は完全復興し、今や日本を代表する世界遺産となった。やはり復興された坂本の薬樹院には全宗の関係文書が残されている。

もう一人は木喰応其《もくじきおうご》である。彼は東近江市の生まれではないかと云われ、必ずしも甲賀の出身ではない。しかし飯道山(梅本院または岩本院)での修験道履修の後、客僧として高野山へ移ったと云われている。その高野山で信長と秀吉の二度にわたる包囲攻撃に出くわす。信長は短期で去っていったが二度目の秀吉は本格的に高野山を攻める手はずであった。その時応其が高野山を代表して使者となり秀吉と交渉して降伏し、高野山攻撃を取りやめさせた。そればかりか、秀吉の全盛期には秀吉から資金を出してもらい、金剛峯寺建立を始め高野山の大整備を行った。応其はこれだけの活躍をして正に中興の祖というべき存在であったが、元々高野山の学侶でないのに出しゃばり過ぎたと焼餅を焼かれたのであろうか、高野山のトップに上ることもなく、むしろ家康とうまく行かなくなった応其は甲賀の飯道山へ戻り、山頂近くに庵

豊臣秀吉	松
木喰応其	**興上**
聖護院道澄	白
今出川晴季	烏
織田信雄	常真
紹巴	
徳川家康	徳川
細川幽斎	玄旨
中山親綱	中山大納言
日野輝資	日野大納言
前田利家	利家
蒲生氏郷	氏郷
昌叱	
施薬院全宗	**全宗**
飛鳥井雅枝	雅枝
大村由己	由己
高倉永孝	右衛門督
伊達正宗	正宗
山中長俊	**長俊**

文禄三年三月四日高野山上連歌会の記録（宝寿院蔵　和歌山県立博物館木喰応其展図録より）

を結び木の根を食しつつ遷化《せんげ》したという。

　このように甲賀や飯道寺にゆかりの二人が秀吉の時代に活躍したお陰で今日の日本の代表的な世界遺産である比叡山延暦寺と高野山の仏堂群を目にすることが出来るのである。彼らは甲賀武士ではないが、この時期に甲賀から巣立った偉人である。戦国時代の甲賀の実力を感じざるを得ない。実は秀吉と全宗と応其と更に山中長俊（秀吉の祐筆）が他の武将や要人たちと高野山で連歌の会に臨んでいる記録がある。秀吉を囲み家康を含む二十人足らずの会で甲賀の関係者が三人、隣の蒲生郡からは蒲生氏郷も出席しており、戦国時代の近江や甲賀がいかにレベルの高い地域であり人材の宝庫であったかを示している。

三　鵜殿退治

　永禄三年（一五六〇）桶狭間の合戦で今川義元が戦死し織田信長が勝利した時、戦場の混乱に乗じて松平元信（後の徳川家康）は今川の武将であるという立場を忘れて戦線を離脱し、岡崎城へ逃げ帰った。ここから家康の失地回復活動が始まるのであるが、その比較的早い時期に起こったのが「鵜殿退治」という名でよばれることの多い、甲賀武士の参戦した城攻めである。

　愛知県史、蒲郡市史や地元での研究結果によると事の顛末はこうである。家康は駿府での人質生活の間に三河の多くを今川に浸食されていたので、帰城後、岡崎の周辺の城を取り返す戦いに明け暮れていた。西側を織田信長と同盟を結ぶことで安泰にした上で、東の今川氏真に向かう中で、永禄五年（一五六二）年鵜殿氏が守る上ノ郷城（現在の蒲郡市）を攻めることになった。しかし城が堅固で簡単に落ちず困っていたところ、甲賀の者に助けを求めようと云うことになり、知人を辿って依頼をした結果、伴与七郎ほかの甲賀者（甲賀側の資料によると二百人）が馳せ参じてくれた。

甲賀の者達は夜襲で城に侵入し、建物に放火し、混乱の中で門を開いて松平軍を導き入れ、城主の鵜殿藤太郎長照を討ち取り、残る鵜殿一族（特に息子二人）を生け捕りにした。鵜殿一族が今川氏の親戚であったため、駿府に人質になっていた家康の妻築山殿と長男信康を鵜殿一族との交換で取り返すことが出来、家康が名実ともに一本立ち出来た記念すべき城攻め勝利となった。

家康は落城勝利の永禄五年二月四日の二日後である永禄五年二月六日付の『伴与七郎宛て家康感状』を残しており、この事件に伴与七郎等の甲賀武士（甲賀者）が関与していたことは間違いない。事の機密性や甲賀武士側の気質から、この種の甲賀者活躍記録が残ることは多くはないが、この場合運よく甲賀者活躍の証拠として伴家に残り、美作国津山藩森家に子孫が仕官したことでここに残った。

実は甲賀には多くの「鵜殿退治」関連文書が存在するが、甲賀忍者の活躍話として語られることが多かったこともあって、それらは後世のでっち上げ文書であるとして忍者嫌いの学者に無視され勝ちであった。しかし甲賀武士伴家を辿ると実はこの家康感状と出所は同じなのである。家康の名があるからと云って信用し、甲賀の名も知れぬ当事者（またはその子孫）が書いたから信用しないという歴史学者の通弊が見えて面白い。本件当事者ではない当家に残る文書中にも伝承として語られている部分があるので例に挙げ

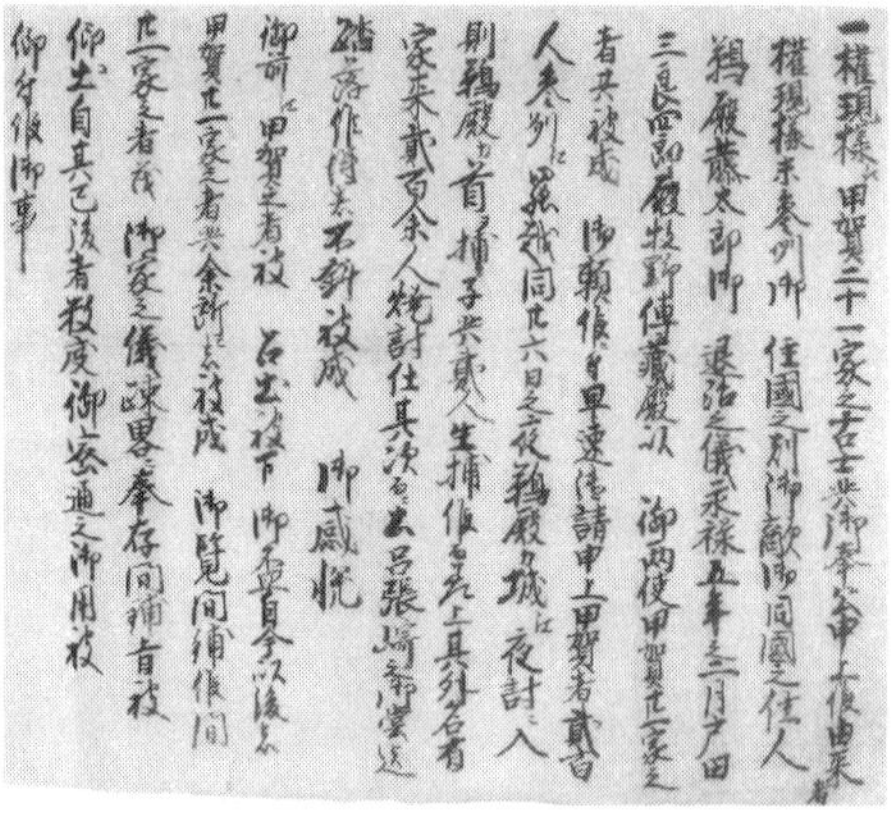

「鵜殿退治」部分（著者蔵）

ておく。

家康が甲賀の者達に単なる感状の外に如何ほどの謝礼をしたのかに関しては記録がないが、鵜殿退治に於ける甲賀武士の役割は、三河の武士だけでは困難な城攻めをやってのけられること、（堀を渡る、崖や石垣を登る、火を武器として使う、暗がりでも敵味方を判別できる、夜襲が得意である、侵入したり待ち伏せたりで人を捕縛できるなど）、三河軍との連携など雇い主の要望に合わせた形で役に立ったこと、結果として家康の兵の消耗が少なくて済むことなど家康にとっては大変メリットのあるものであった。家康はその後幾度も甲賀の者達に協力を求めているし、甲賀武士の側も家康を最良のスポンサーと意識するきっかけとなった。

四　神君甲賀伊賀越え

天正十年（一五八二）本能寺の変で信長が急死した時、信長からの接待の一環として家康は堺に居り、突然明智光秀から追われる身となった。この時家康の窮地を救ったのは家康に随行していた服部半蔵正成であり、伊賀の忍者仲間たちを呼び集めて家康一行を護衛し案内した活躍で、家康一行は無事「伊賀国」を通過でき、半蔵は後に伊賀忍者の頭目になったとされる。そしてこの事件は「神君伊賀越」と呼ばれて来た。しかし、この事件の真相は全く異なっており、家康一行の窮地を救うため全力で支援した甲賀武士にとっては、貢献を無視され服部半蔵に栄誉を持って行かれたのは納得できないはず。甲賀武士の名誉もかかっているので、詳しくは第二部に章を改めて記述したいが、ここでは要点のみ述べておく。

先ず服部半蔵正成に関することである。半蔵はこの時四十歳前後であるが、実は父親の時代に伊賀から岡崎へ移住した後に生まれ、半蔵は「岡崎生まれの岡崎育ち」であって岡崎では武将として育てられ「忍びの知識もなく修業もしておらず」「伊賀に忍びの仲間等全く持っていなかった」のである。その半蔵が「人生初めての地」である伊賀で「伊賀の忍者仲間」など集められる訳がなく、仮に家康から案内せよと云われても、見知らぬ土地を案内することなど不可能であった。

またこの時の伊賀は、九ケ月前に起こった天正伊賀乱で信長軍に三万人とも云われる人々が殺戮されたとも云われ、主な伊賀者たちは死ぬか逃亡しており、残った百姓衆を中心に「親類や縁者を殺されて信長憎し」の感情が支配していたはずで、信長の同盟者と見なされていた家康に安心して協力させられる伊賀者など居なかったのである。要するに服部半蔵が貢献することは全く不可能であった。

次いで「神君伊賀越」と云われるようになったのは何故かという点である。実は事件から五十年以上の間、事件の当事者が書いた一次史料は出てきていない。それは緊急事態で人生初めての地を地元の人間に連れ回されて逃げた時、誰一人としてその通過地名を記録・記憶することは不可能であり、その結果当事者でさえ地名を云い当てられないことになるからである。また事件直後二十年間は秀吉への必要以上の情報漏えいを避けて緘口令が敷かれていた可能性が高い。そんな中パラパラと漏れ出て来る事件の報告は「伊賀越」や「伊賀路」と同程度に「甲賀越」や「大和路」「伊勢路」などが採用されて、「伊賀」を用いる場合も河内・山城・大和・伊賀・甲賀（近江）・伊勢などを包含する地形用語としての「伊賀峡谷」として「伊賀を通過した」と述べていることが分かる。

ところが事件から六十年以上経過した寛永年間頃から、突如「伊賀越」とは「伊賀国」を通過することであるとして「伊賀越」を宣伝する文書が増加する。その引き金を引いたのが『石川忠総留書《いしかわただふさとめがき》』である。この書物のせいでその後「伊賀国」を通過した「神君伊賀越」を書く伊賀系の典籍が増えるのである。六十年も経って出された『石川忠総留書』には一次史料としての価値は全くなく、疑うべき点が極めて多いにもかかわらず、従来信頼できるかの如く甘く見過ごされて来た。「神君」と云う用語にも物欲しそうな下卑た響きがあって、家康一行は「伊賀国」を通過したとは限らない前提で冷静に見直す必要がある。

家康一行がこの逃避行中に誰に最も世話になったのかは実ははっきりしている。相手の主人に会わせて貰えない服部半蔵のような下級者には無理であるが、一般的に云っても連れ回された地名は覚えていなくても、世話になった恩人の顔や名前を統率責任者である家康はしっかり覚えていたはずである。

その証拠にこの時家康は岡崎に無事帰着した一週間後

小川城跡

の六月十二日付で和田定教宛に礼状を認めている。このような感状・誓状や安堵状などを手渡し或は送るのが当時の習いであったはず。そしてそれが直ちに発効したり、時には情勢の変転を受けて何年も後に有効になることもあったが、信楽小川城主多羅尾光俊に対する家康の行動がその例である。小川城に家康一行を匿い無事送り届けた光俊と山岡や和田といった甲賀武士たちは、途中秀吉政権下の二十年近くもの空白を置いて、関ケ原の戦の年、光俊が信楽一帯の領地安堵と、長男光太への関西地区徳川領の代官職を受ける。その他の甲賀武士たちも二十人近くが前後して旗本として採用される。この数は伊賀一国から採用された旗本の数が十人に満たぬのに比べて、近江国十二郡の中の一郡でしかない甲賀郡だけで二倍以上の旗本を輩出したのである。つまり家康は甲賀武士たちに世話になったことをしっかりと覚えていた。

以上、家康一行を甲賀武士たちが世話をし、安全な甲賀を主体に通過して送り届けたとする考え方がより自然な発想であることを指摘しておきたい。

五　秀吉の太田城水攻めと甲賀ゆれ

天正十二年（一五八四）秀吉と家康が信長死後の覇権を争った「小牧長久手の戦い」では、総体としては織田信雄が表から消えて秀吉の勝利となり、その後の豊臣政権の成立へとつながったが、局部的には甲賀衆が秀吉の思い通りには動かなかったのではないか。

日野町に残る秀吉側のある陣立て図では、甲賀武士は蒲生氏郷と共に秀吉軍の先鋒の位置に配されている。しかし甲賀に残る伝承ではこの時、甲賀郡内では家康方につく動きもあったらしく、実際に戦場へ駆けつけ家康軍に加わった者も少なくなかったという。

この時点では甲賀は地域的には秀吉の勢力範囲内で

あったが、秀吉は甲賀郡内と北伊勢に合わせて三つもの城を築城させている。勿論家康軍の近畿攻め込みを二段三段構えで食い止めると云うのが第一の狙いであろうが、甲賀での築城は実は甲賀武士の親家康の空気を察した秀吉が、甲賀武士ににらみを利かし自己勢力内での甲賀武士の勝手な動きを封じるためにわざわざ甲賀（土山）に築城したと甲賀では理解されている。

甲賀武士の先鋒割当ても実は新参者への忠誠心試しであったとも云える。甲賀武士も秀吉を慕っていないし、秀吉も甲賀武士を信用していない不幸な状態であった。

翌天正十三年（一五八五）返す刀で秀吉は和歌山方面の雑賀《さいか》衆を攻めることになった。道中高野山も攻めるはずであったが、根来衆が抵抗をして根来寺が焼き討ちにあったのを知った木喰応其が高野山のトップと秀吉の間を仲介して高野山から降伏を申し出た結果、高野山は焼かれずに済んだということは先に述べた通りである。

続いて現在の和歌山市内にある雑賀を攻めることになったが、雑賀衆は太田城に籠城して徹底抗戦するという。そこで秀吉は紀の川の水を引き入れて太田城を水攻めにすることにした。各武将や部隊が分担して堤を築き水を引き入れることになったが、この時甲賀武士の分担箇所に工事の遅れとも水漏れとも云われる工事の不具合が発生したという。秀吉はこの咎を捉えて主要な甲賀武士約二十家に対して改易（領地没収、居住地追放）を申し渡し、直ちに実行された。甲賀では本件は甲賀武士の存在を嫌う秀吉に甲賀衆がぬれ衣を着せられたと理解されており、「甲賀ゆれ」または「甲賀破儀」と呼ばれる大事件である。

甲賀郡内の主要な同名中はなくなり、水口の岡山の上に水口城（水口岡山城）が築かれ元甲賀出身の中村一氏が城主として入部し、残る甲賀武士への監視を強めることになった。信長の時代とは異なり主要な甲賀武士は居なくなり、甲賀郡全体が豊臣政権と云う中央集権型政権の組織に組み込まれた瞬間であった。また兵農分離という基本方針の下、半農半武の甲賀の有り様が許されなくなったとも云えた。

よって中世・戦国時代の甲賀はこの年に終わったとして、天正十三年（一五八五）が中世甲賀と近世甲賀の画期であるとする見解がある。

この甲賀武士改易の決定に敢然と歯向かって果てた甲

賀武士が一人いた。それは佐治氏である。大野佐治氏を通じて織田家と近く、安土に織田信長がやってくる前から六角氏の目を盗んで岐阜城に信長を訪ねたりしていた佐治為次は、安土ではそれなりの役割を果たすべき立場にいた。

しかし信長の死後、一旦は大野佐治の佐治一成が浅井の三女お江と結婚したものの、小牧長久手の戦いの際に一成が家康寄りの動きをしたとして秀吉から離婚させられ改易もさせられ大野から追い出されたという情報を得ていたのであろう。その直後の秀吉から自身への改易命令をはねつけて佐治城に立て籠もり、中村一氏の軍と戦い、最後は城と共に果てたのであった。

こうして甲賀では多くの有能な甲賀武士が居なくなり、ひっそりと不遇をかこつこととなった。全くの行方不明者も多く、遠くの親戚を頼りに甲賀を離れたり、甲賀郡内の別の村に名前を変えて潜伏した。勿論秀吉政権下で中村一氏について巣立った人物もいたが、山中家では山中俊好が大きな打撃を受けたのに対し、かつて細川家に仕えた家系の山中長俊は柴田勝家に仕えていたというハンデキャップを乗り越え秀吉に抱えられて祐筆と云う最側近になることが出来た。余程有能で余人を以て代えがたい人物であったということである。このような例外を別にすると、多羅尾氏も大原氏も望月氏も、その他多くの甲賀武士が一旦表舞台から消えて行った。

この甲賀ゆれは甲賀武士にとっては一大事であるので色々な伝承が生じるのは当然であるが、甲賀武士各家のその後の運命を左右したのが、家康浜松城への出仕の有無である。天正九年の天正伊賀乱直後に、伊賀に居れなくなった伊賀者の緊急避難で、伊賀者が大挙しての岡崎城詰で・浜松城詰でがあったし、天正十年には家康の伊賀伊勢間鹿伏兎越を護衛したと称する二百人ばかりの下級伊賀者たちが仕官を求めて来たと云う。伊賀の場合ほどではないが、天正十三年時点での甲賀武士の浜松城詰で、天正十五年以後の駿府城詰でも少なからずあった模様である。放浪して忽ち生活の困難もあったのであろう、各家の系図等には、当主・長男は家名を変えて遠からぬ別の場所に移り住むことが多く基本的に余り動かなかったのに対し、二男・三男が旧知を頼って家康に出仕するという形態が目につく。多羅尾氏、美濃部氏、武島氏、山岡氏などである。結果として関ケ原の合戦で東軍につくことになり、江戸幕府では早々と五百〜二千石レベルの旗本として採用されることに繋がったのである。

六　伏見城籠城戦

その後の十五年余りの豊臣政権の期間、甲賀では岡山城の城下町に中村一氏の出身地と近所の村からの出仕を示す町名が数ケ所あり、一氏は一族の者や近隣の村の者達を城作りまち作りに引き込んでいるのであるが、どうやら彼らを武士としてどんどん登用すると云うよりは商人や職人として、或は農民のままで連れて来たものと思われる。兵農分離である。この時期の採用者で一氏の下でぐいぐい出世した者をその後の任地掛川などでも見かけないのである。つまり中村一氏・増田長盛・長束正家の三代の城主の時代、甲賀郡内の監視はできていても甲賀の人心の把握は十分でなく、登用よりも抑えつけに重点が置かれたのではなかろうか。

その成果が如実に表れたのが関ケ原の戦の際の甲賀武士たちの支援方針であった。豊臣家五奉行に列する大物城主三代十五年間の監視と統治にもかかわらず、ほとんど全てと云って良いほど多くの甲賀武士が家康方についたのである。先ず上杉征伐に向かう家康を水口岡山城で暗殺しようとした長束正家の計略は甲賀武士篠山理兵衛によって見破られ、家康は女装して女籠に乗り、水口を夜の内に通過し、翌日の正家の招待をすっぽかして難をまぬかれたという。

次いで石田三成が挙兵すると、家康が上杉征伐への出発に際し鳥居元忠に千八百の兵を残して任せた伏見城に、山岡道阿弥の呼びかけに応じた甲賀武士百人が入城した。戦が始まると伏見では籠城戦となり、多勢に無勢で初めから不利と分かる戦いではあったが、甲賀の者達はよく戦い、伏見城が落城する気配は全くない状態であった。そのため西軍はかなりの兵が美濃方面の戦場へ向かえず足止めを食う形となった。上田城に於いて徳川主力の秀忠軍が経験したのと同じことが伏見城で甲賀武士たちの活躍で起こっていたのである。その時水口城主の長束正家は百人の甲賀者の家族を捕え、伏見城の門前へ引き据え城中の甲賀者が裏切らぬと家族の命は無いと脅した。この威しに屈した十数人の甲賀者が裏切り、城内から火を放ち城が炎上するに及んで伏見城は城将鳥居元忠以下ほとんど全員が討死した。

甲賀の地元ではさらに二百人とも三百人とも云われる甲賀武士が伏見城でなく、決戦の有る岐阜・美濃方面の家康方へ行くべきと相談をしていたところへ、正家の手下が現れ「甲賀ゆれで取り上げた領地を返還するので水口岡山城に集まれ」と偽の情報を流して、集合していた甲賀武士を水口岡山城へ閉じ込め、美濃方面へ行かせぬようにした。その後関ケ原で西軍が負け、正家が帰城して、池田三吉が追いかけて来て攻めかかった時も、甲賀武士で正家を支援するものは誰もおらず、正家は水口岡山城を開城、退散して日野で自刃する以外なかったのである。

関ケ原で情報戦を仕掛けたと云われる山岡道阿弥と関ケ原で行動を共にしたかも知れぬ幾人かを除いて、上記のような事情で甲賀武士は関ケ原へ参戦できず、伏見城では十数人の裏切りもあったので、討死した八十人の遺族と生き残った数人のみが後に家康から論功行賞に預かった。

七　小笠原昨雲は甲賀忍者の生き証人

以上見て来た事実は、鈎の陣で甲賀武士が甲賀の優秀な忍びであると認識された十五世紀末からの約百年間、つまり戦国時代を通じて甲賀武士たちは確りと役割を果たして来たということである。その結果は最初の鈎の陣だけでなく、その後の戦いに於いても彼等の戦いの成果はいずれも一流の「忍びの者」としての成果であったと認められた。

江戸時代ごく初期の兵法学者で家康にも講じたという小笠原昨雲が元和四年（一六一八）にまとめ、承応二年（一六五三）に版本として刊行された『軍法侍用集』巻第八窃盗《しのび》之巻上に次のように書かれている。

第一、諸家中に伊賀甲賀の者あるべきの事

一、大名の下には、窃盗の者なくては、かなはざる儀なり。大将いかほど軍の上手なりとも敵と足場をしらずば、いかでか謀などもなるべきぞや。其上番所目付用心のためには、しのびを心がけたる人然るべし。されば伊賀甲賀に、むかしより此道の上手ありて、其子孫に伝はり今に之あるといふ。然る間、国所の名を取りて、伊賀甲賀衆とて諸家中にあり。

第二、しのびを遣わす分別の事

一、功のいりたる軍者は、ただ人をもしのびに遣わすといふ。猿引を遣わして、城の案内を見、尺八吹き或ひは、はふかなど色々に姿をかへさせて、つかはしたる事いにしへも多し。

第三、しのびに遣はすべき人の事

一、しのびに遣わすべき人をば、よくよく吟味あるべし。第一、智ある人。第二、覚のよき人。第三、口のよき人なり。才覚なくてはしのびはなりがたかるべし。但し其役人と定まり、常々此道の心がけある人は他事には不才覚なりとも、吟味あるゆへに、ただ人の才覚よきほどは之あるべきなり。されば前にいふごとく伊賀甲賀衆然るべきなり。

第一条では「(江戸時代になってからも)各大名は忍びの者を抱えるべきで、甲賀や伊賀には昔から忍びの達人が居て今日に伝わっている。地名を取って伊賀甲賀衆と呼び諸大名に雇われている」と述べて、実は戦国時代に忍びの者が実在して活躍したことを証言しており、甲賀や伊賀がその最先端であることを断定している。

第二条では「経験の深い戦人は、普通の人さえも忍びとして派遣することがある。猿回しや虚無僧や放下師(曲芸師)などに変装させて敵城下に送り込むなど昔からよくあった」と述べて、実は馴れた指揮官なら凡庸な者も忍びとして派遣したこともあるがとして反語的に(馴れていない指揮官は)確りした忍びの専門家を起用することを勧めている。

第三条では「忍びには本来人をよく吟味選抜した上で送り込むべきで、忍びに適する人間は才覚のある人でなくてはならない。しかしそのことに専念し常々忍びの道をこころがける人ならば、実はナマジナなものよりも甲賀や伊賀にあってその心得を日頃から学び身に付けているものの方が望ましい」と述べて忍びに必要な特性を指摘するが、それにもまして甲賀伊賀で行われている日頃の訓練や実践が勝っており、忍び役として甲賀や伊賀の忍びが最高であると断言している。

小笠原昨雲の生年月日は不詳であるが、一六二〇年前後に活躍した人物とされている。家康との交わりや著作の時期から見て一六二〇年頃に四十～五十歳と仮定すると、生年は一五七〇～八〇年頃となる。とすると信長時代を生きた人達に囲まれて秀吉時代を子供の目で見聞きして来た訳で、『軍法侍用集』に書かれた「忍び」の記述は実体験に近いものが書かれているはずである。この窃盗に関する記述に関しては、具体的な事件を述べている訳ではないが、忍者の歴史の証言者として見た時には『軍法侍用集』は一級の一次史料といってよい。理由は彼自身が生きた時代に自身で見聞きし体験したことを書き記しているからである。

以上、甲賀忍者の誕生と活躍から見える中世・戦国時代の甲賀では、他者に貢献し続ける甲賀武士がいて、実は彼らの業績が甲賀の忍びであったことを納得していただければ幸いである。

第四章　江戸時代の甲賀忍者
――生業としての忍者

一　戦国時代の甲賀武士は何処へ行ったか

ここからは話を江戸時代に移したいと思う。大坂冬・夏の陣や島原の乱など多少の争いはあったが、江戸時代は二百六十年間を通じておおむね平和な時代であった。ここまでに述べて来た如く、戦国時代には甲賀忍者の仕業と思われる高いレベルの『窃盗（忍び）』の役割を行っていた甲賀武士たちが実在したのだと云うことはほぼ理解いただけたかと思うが、江戸時代になってその甲賀武士たちがどこへ行ったかの追跡から始めよう。

イ　大　名

甲賀武士から大名になったのは池田家のみである。鳥取市立博物館が指摘するように、甲賀郡池田村の娘と夫婦になった瀧村の滝川恒利が織田信秀に仕えて池田姓を名乗り、池田恒利―池田恒興―池田輝政と世代を繋いだ家系が姫路で約百万石の大名となるが、次の代に兄弟で鳥取藩と岡山藩に分かれ合わせて六十万石強となる。共に明治まで続いた。現代で云えば大臣に当たる大物と云えるかもしれない。

ロ　旗　本

江戸幕府の旗本となった者は九千石の山岡道阿弥（元甲賀郡毛枚村出身）を筆頭に二千五百～五百石で約二十人いるが、ここでは詳細に触れるのは止め、この二十という数が近江国十二郡の内の一郡に過ぎずしかも譜代の地でもない甲賀郡では異常に多い数であるということだけを指摘しておく。旗本は上級職国家公務員である。多羅尾氏や和田氏もこの中に含まれる。

ハ　江戸甲賀百人組

次いで伏見城籠城戦の戦死者の遺族と生き残りを中心に与力（二百石）十人と同心（二十石）百人から編成された「甲賀百人組」の面々である。関ケ原の戦直後は甲賀在住のままの採用であったが、約三十年後には全員が江戸へ移住し、「江戸甲賀百人組」となった。これは一般職国家公務員である。

ニ　地方の藩の家老や藩士

縁故を頼って或は実力を売り込んで地方の大名に仕官した者達が居た。鳥取池田藩の和田氏や大野佐治別流の荒尾氏のように数万石取りの家老がおり一般藩士も多い。岡山藩やその支藩にも元甲賀武士が採用されている。尾張藩にも多羅尾氏の一族が五百石で抱えられている。合せると数十人に上り、よく調べれば百人を超えることもあり得よう。彼等は地方公務員である。最近分かり出したのでは松本藩の芥川九郎左衛門とか弘前藩の中川小隼人など地方藩で忍びになった甲賀者が知られるようになり、今後の調査研究で増えるのではなかろうか。

ホ　百姓身分の忍びの者

これに対して江戸時代初期に武士になり損ね百姓身分になった元甲賀武士が数百人いた。これらの内家康の斡旋などもあって割と早い時期に岸和田藩や尾張藩に採用された百姓身分の忍びが居た。岸和田藩五十人、尾張六人（最初は二十人）などが知られているが、よく調べればもう少し増えると思われる。現代で云えば地方の役所に勤める非常勤のパート職員で本質的には民間人である。

へ　百姓身分の甲賀古士

そして最後に前項のようなパート職の仕官も出来ず幕末まで百姓身分のまま、しかしかつて甲賀武士であったことを誇りに「甲賀古士」を名乗った数百人の郷士が居た。全くの民間人である。

以上が戦国時代に甲賀武士であった人々の江戸時代におけるその後の凡その姿である。江戸時代の甲賀忍者を論ずる視点ではイ、ロは江戸時代の忍者とは縁の少ない者達で、ハの者達とニの一部、更にホの全員とへの一部が江戸時代の甲賀忍者と呼ばれる者達である。この者達に共通するのは、自分たちが顕在的か潜在的であるかを別にして、忍びとして採用されている、ないしは鍛錬していることを自覚しているという点である。以下少し詳しく触れたい。

二　江戸甲賀百人組――御役人様か忍者か

江戸城三之門百人番所

「伊賀二百人組」が関ケ原の戦以前の豊臣政権時代に既に江戸で結成されていたのに較べて、「甲賀百人組」の結成は先に述べたように、あくまで関ケ原の戦と同じ年に起こった伏見城籠城戦の結果を受けて行われた。責任者は山岡道阿弥で九千石の内、道阿弥自身の取り分は五千石、残りの内二千石は十人の与力で、他の二千石は百人の同心で分けるものとされた。彼ら百十人は江戸へ行きたくないと云って、最初甲賀在地のままで士分に取り立てられたので領地を宛行われる形となったが、家康・秀忠・家光と三代にわたる強い要請があり、寛永二十年（一六四三）頃、遂に全員が江戸へ移住し「江戸甲賀百人組」となった。

鳩森八幡社境内社甲賀稲荷

伊賀に遅れること五十余年で江戸城大手三之門の警護役を命じられたのであるが、当時の甲賀出身者は気位とは裏腹にやはり新参者として肩身の狭い思いをしたのではなかろうか。それでも彼等は全員武士になることが出来た。

甲賀者たちは青山の辺りに集住し、この界隈には彼等の信仰した神社(甲賀稲荷社)やお寺(広徳寺)も残っているが、現在も氏子や檀家として残っておられるご子孫もおられる一方、石碑に名を留めるだけのお宅も少なくない。

江戸での甲賀組の通常業務としては伊賀組・根来組・二十五騎組と共に行う江戸城大手三之門警備のほかは、将軍の外出時の行列警護や訪問先門前警護などが課せられた。これは室町時代に甲賀武士が幕府被官(甲賀奉公衆)として将軍の行列警護を行っていたのと同じ性格の業務である。

ここでも、忍びとして知られた機敏さや強さに当時としては鉄砲の扱いに慣れていたこと更には裏切らぬ忠誠心などが評価されたのであろう。戦国時代の甲賀忍者的側面が評価されたと云える。

しかし甲賀奉公衆と室町将軍との距離の近さに比べて甲賀百人組衆と江戸の将軍との距離ははるかに遠かった。しかも制度上は忍びではなく鉄砲同心として採用されており、甲賀武士がかねがね「鉄砲同心は足軽仕事で浅ましいのでやりたくない」と云っていたことと矛盾しているのに、武士身分になる為には引き受けざるを得なかった苦しい決断が見えて来る。更に、当時の甲賀者が情報探索に何処まで起用されたかはよく分かっていない。情報探索を行う人間そのものを伊賀者と呼ぶなど、甲賀者が伊賀者に五十年遅れで江戸へ出て来た時点で、甲賀者が情報探索に出る幕が無くなってきており、特に八代将軍吉宗以降は紀州藩出身者の「御庭番」に全て任せる体制となり、情報探索は紀州江戸の甲賀者は情報に関して忍者的活動をする余地は全くなくなったものと思われる。

江戸甲賀百人組は幕末にはいったん解散され、多くの甲賀者の子孫が京都へ転勤を命ぜられ、会津藩や新選組とともに見回組として京都の治安維持に当たっている。甲賀からも豊田美稲《とよだよしね》、城田董《きだただす》など勤王の志士も出ており、最終戊辰戦争では甲賀者五十人余が新政府軍甲賀隊として京都経由北越戦線へ出陣してもいるので、二百五十年の時を経てお互い甲賀者の子孫同士とは知らぬまま京都で出合いひょっとして切り結んでいたかもしれない。

三　尾張藩忍者——木村奥之助と在地の忍者「甲賀五人」

尾張徳川家では家康の斡旋もあって初代藩主義直の頃には甲賀の忍びを二十人余り雇っていた。しかし何故か理由は分からぬが或るとき全員解雇されてしまったという。その後二代藩主光友の時、甲賀郡杣中村の修験山伏木村奥之助が名古屋の修験道寺院である「清寿院」に出入りしていたところを、延宝四年（一六七六）尾張藩の武士として採用された。

その後彼が甲賀の有能な忍びであると判明した時点で、もう少し仲間を連れて来るよう命を受けた。そこで延宝七年（一六七九）奥之助が甲賀へ戻り、採用して来たのが杣中村の木村文四郎、塩野村の神山《こうやま》市右衛門と望月甚太夫、杉谷村の渡辺三之助（平右衛門俊参）と渡辺権右衛門の五名であった。

木村奥之助の家系は甲賀郡下磯尾村の山伏家「奥之坊」であったが、江戸初期に次男が飯道山の麓にある杣中村に分家「圓福坊」を開設した。実は奥之助はこの圓福坊の更に二男であったため、家を継がず名古屋へ出て修験道寺院「清寿院」に出入りしていた所を尾張藩に採用されたという。修練していたレベルが高かったのであろう彼はいきなり百姓から武士として採用された。異例中の異例と云える。名古屋では甲賀忍びチームを預かる一方、忍術に関する技術書『甲賀忍之伝未来記』（近松茂矩写し）を著している。奥之助の家系は幕末まで続き、尾張徳川家に仕え続けた。

実は平成三十年磯田道史氏により圓福坊の初代と二代目（長男）の墓石が判明し、奥之助の生家が改築されながらも杣中村に現存することが確定した。

木村文四郎は奥之助の一族に間違いないが、現存する家系が杣中村では見付からなかったので、確定が難し

杣中村福量寺にある木村奥之助の父才兵衛の墓（奥）と長兄の墓（手前）

かったが、最近の調査で文四郎はどうやら奥之助の兄弟の四男ではないかと推定されつつある。

神山市右衛門については、塩野村長楽寺の文政七年(一八二四)『切支丹宗門御改手形之事』なる文書が名古屋で見付かっており、神山与左衛門政重が塩野の長楽寺の檀那であることが知られていた。最近に至り現在ご子孫が滋賀県蒲生郡日野町にお住まいであることが確認でき、史料の少ない中ではあるが、神山市右衛門から与左衛門経由のご子孫に到る流れがほぼ確定できた。

望月甚太夫は甲賀望月氏の中核に近い家系から出ている。同家の系図によれば、先々代の時点で大叔父が鵜殿退治に参加し、甲賀ゆれにも出喰わしている。祖父は伏見城に参戦し生き残ったお陰で甲賀百人の与力として二百石を拝領したが、息子に譲り、この息子は大坂冬・夏の陣に参加したが江戸には行かず、結局代わりに大叔父の息子が最終的に江戸へ移住し、武士となった。塩野村に残った甚太夫の父は武士でなくなり、引き継いだ甚太夫は同村の神山市右衛門の状況を聞いたのであろう、実は三年遅れて天和二年(一六八二)尾張藩に採用されている。この家系は現在塩野には住んでおらず、神戸に在住されていることが判明している。

渡辺三之助(平右衛門俊参)は著者の先祖である。その後文化十一年(一八一四)の古文書に出て来る渡辺善右衛門俊宗を経て幕末の渡辺平右衛門俊恒(捨三郎)まで七代が尾張藩に杉谷村在地のまま忍びとして仕えていたことが分かる。実は系図には尾張藩忍び役仕官初代の三之助よりも前の代にも尾張藩仕官の記載があり、ひょっとすると現在詳細闇の中の初代藩主義直による二十余人の甲賀者第一次被採用者の内の一人が当家の先祖であったのかもしれない。

渡辺権右衛門は当家の分家の先祖である。分家と云っても非常に古い時代の分家である。分かれて十代以上になるので普通なら他人の関係になるくらい離れているのだが、当家とこの分家の系図を子細に調べてみると、両家の間には六回にわたる縁組があり、血統が入り組んでいることが分かって来た。その分家の権右衛門―新右衛門―宗十郎と云うのが尾張藩仕官の歴史であった。但しこんな身近の分家が明治五年の文書を残して何故か忽然と杉谷から消えており、現在その先を辿れずにいる。

江戸時代は漢方医をしていて、出て行った先は「伊勢

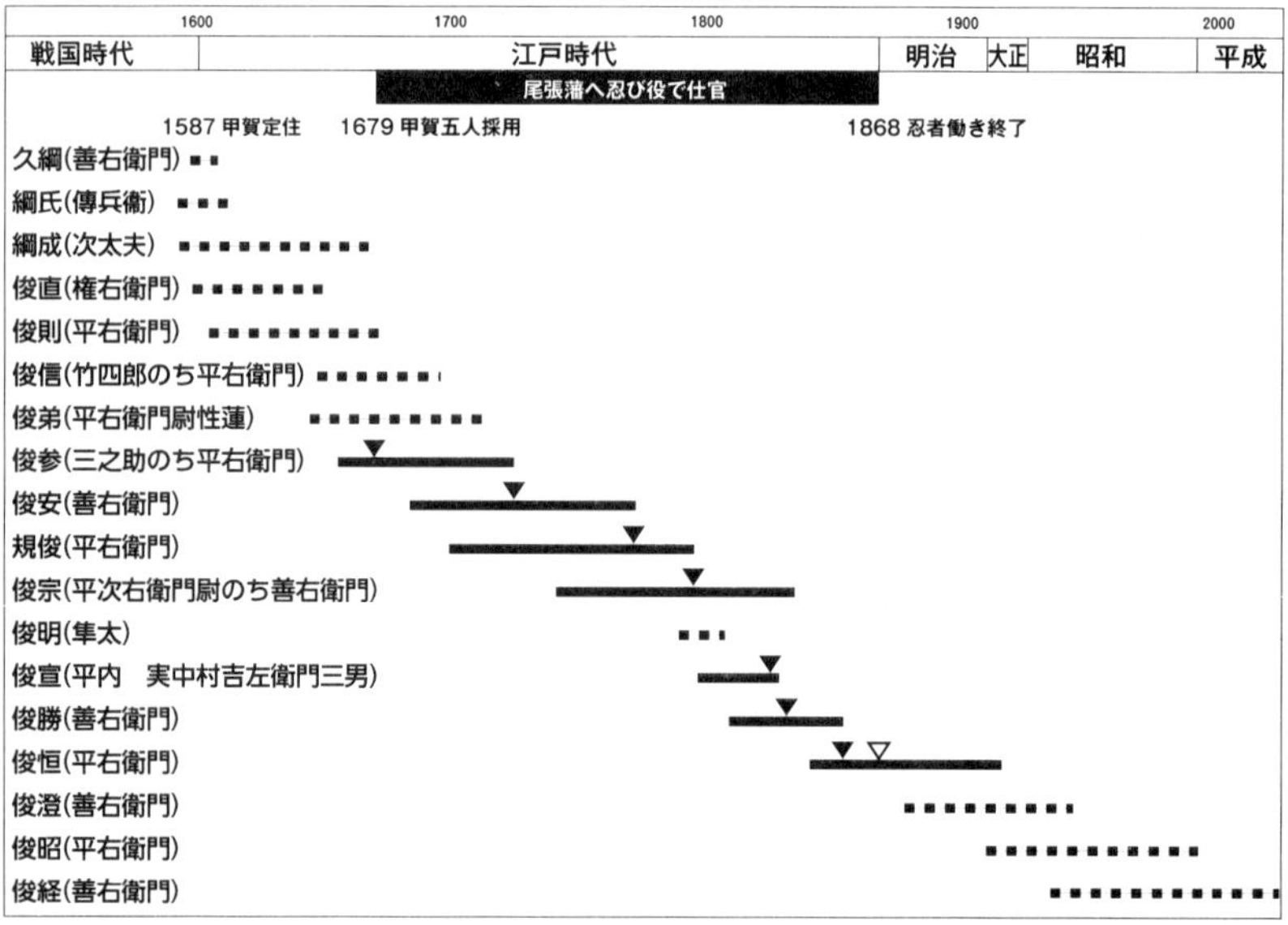

渡辺（善右衛門／平右衛門）家の尾張藩への忍者仕官

亀山または関」であるとしか分からず、個人情報保護法とやらで他人の戸籍謄本が取り寄せられなくなり、全く困惑している。明治以後に杉谷から亀山または関へ移住した渡辺宗十郎の子孫を探しているのでお心当たりの方はお知らせいただけるとありがたい。

と云う訳で一部不明の所はあるが、甲賀五人とその首領木村奥之助の出自やその後の状況が判明しつつある。木村奥之助と木村文四郎は近江守護佐々木家を源流に有する甲賀山伏家「圓福坊」の出身であり、神山市右衛門も含めて明らかに飯道山山伏の流れを汲み、望月甚太夫は望月本家に近くいわば戦国時代甲賀武士の本流の出自である。杉谷村の渡辺二軒は天正十五年（一五八七）に摂津から移住して来たよそ者だが、実は鉄砲の技術を持つ家系であったらしく、三之助が尾張藩に採用されるより二十年も前の万治三年（一六六〇）に三之助の先代によって書かれた「渡部流炮術相伝書」が存在する。奥之助はこのような人材のバランスを考えて採用を進めたのではなかろうか。

さてもう一つ二つ尾張藩忍びの者木村奥之助と甲賀五人について真実をお伝えしておきたい。名古屋で発見された文書や当家の文書を併せて見えて来る真実の姿である。奥之助が五人をリクルートした時、五人と「契約」したと述べている。それは在地のまま仕官、馬を準備すること、表向きは鉄砲指南役、給金は年金五両（出動手当は別に実費支給）などである。

在地のまま仕官とは奥之助がこの時名古屋居住で既に武士身分であったのに対し、五人は百姓身分のままで甲賀の自宅に居住し、名古屋に来た時のみ武士扱いする。要するに武士ではないということである。これは実はどちらから言い出したか不明で、元々甲賀は在地性の強い土地柄なので五人の方から切り出した可能性もある。因みに当家の蔵の刀箪笥には刀も裃も残っていた。

馬を準備するとは、緊急出動を想定し自宅で馬を飼育し、藩からの呼び出しには即刻自宅から馬で出動できるよう常に準備しておく必要があった。甲賀の場合土山宿まで行けば替え馬があり、東海道を宿場ごとに乗り継いで一時間に一〇km位で疾駆すれば、約八〇km先の名古屋にその日のうちに着けたのである。

当家自宅の絵図面には西暦一八二〇〜四〇年頃にあったと伝わる火災の前にも後にも明瞭に「馬屋」「厩」と書かれた区画が存在した。

忍びが役立つためには先ず味方にも忍びと分からぬようにする必要があった。藩の上層部以外には忍びとは知らせず、表向きの役職を甲賀流鉄砲指南役としたのである。現に毎年一回正月頃に名古屋に出掛けると、藩の鉄砲打ち場である「矢田河原」で鉄砲訓練を終えてのち、給金を受け取ったという。

給金は年金五両であったが、どの家も自宅にはそれぞれ数町歩程度の田んぼがあったので、普段の百姓としての生活は一応それで足りており、その上の金五両だったので大いに助かったはずである。ただ幕末当家が火事や不幸が続いて困窮したところへ、先の第一次長州征伐への従軍に引き続いて藩から戊辰戦争の官軍側への出動命令（尾張藩は最終段階で新政府軍についた）があり、その時は出陣のための準備が間に合わぬなどぐずぐず云って猶予してもらった模様である。

ところで肝心の忍者活動としてどんなことをしたのかについては藩の方にも当家文書にもほとんど記録がない。唯一の記録が文化十一年の古文書「達シ書并願留」（以下「甲賀五人文書」）に有る記載内容である。

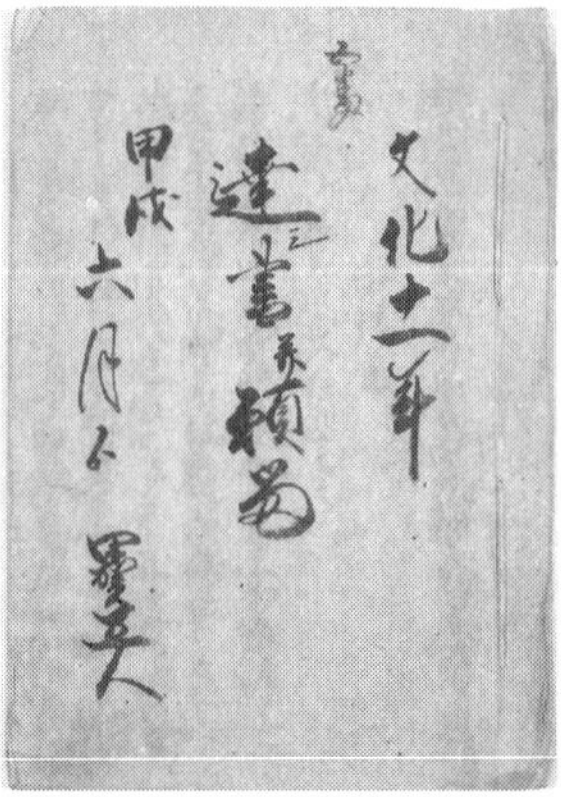
「達シ書并願留」（甲賀市蔵）

この文書は文化十一年（一八一四）に藩の上役から「お前たちは何故毎年甲賀からやって来るのか」と聞かれた甲賀五人が、自分たちの先祖が尾張藩にお出入りを許された経緯を由緒として書面で述べているものであるが、その最終部分に「殿の命令で、城主交代に際し不穏な動きがあるとのうわさを調べるため大和郡山城に潜入して、城内部の情勢を調べて報告したことがある」とし「外にも例があるが秘密なので云わない」と報告している。このような潜入活動や探索活動も治安出動もあったかもしれない。

勿論戦争もあった。幕末には長州征伐に参加しており、戊辰戦争には結局従軍しなかった事は前述の通りである。

四　岸和田藩甲賀士五十人――交代で武士になる？

最終的に岸和田に落ち着いた岡部家であるが、関ケ原の戦終結後、岡部宣勝は大垣、龍野、高槻、岸和田と四ケ所の藩主を転任して来た。勇猛かつ忠誠心厚く家康の信任厚かった宣勝は、家康の勧めを受けて、大垣の段階から甲賀者を多数採用していたという。その後数が増え、何処で今の人数になったのかは不詳であるが、岸和田では五十人になっていたようである。

五十人の名簿については時代を追って入れ替わりがある。二百年以上勤めあげた家系が当然あった一方、絶家や嫡子無しの場合は藩の許しを得て娘の嫁ぎ先に交代してもらうなどが行われていたらしい。結果として幕末まで五十人体制を維持した。

実は大垣時代など初期の甲賀士名簿の完全なものがないので、断定できぬものの、採用された者は土山地区や下甲賀郡（現湖南市）にも及び旧甲賀郡のほぼ全域から採用したものと思われる。ということは、江戸時代に入って、神君甲賀伊賀越の関係者が大半五百石以上の旗本になり、伏見城籠城戦関係者が与力や同心に採用され

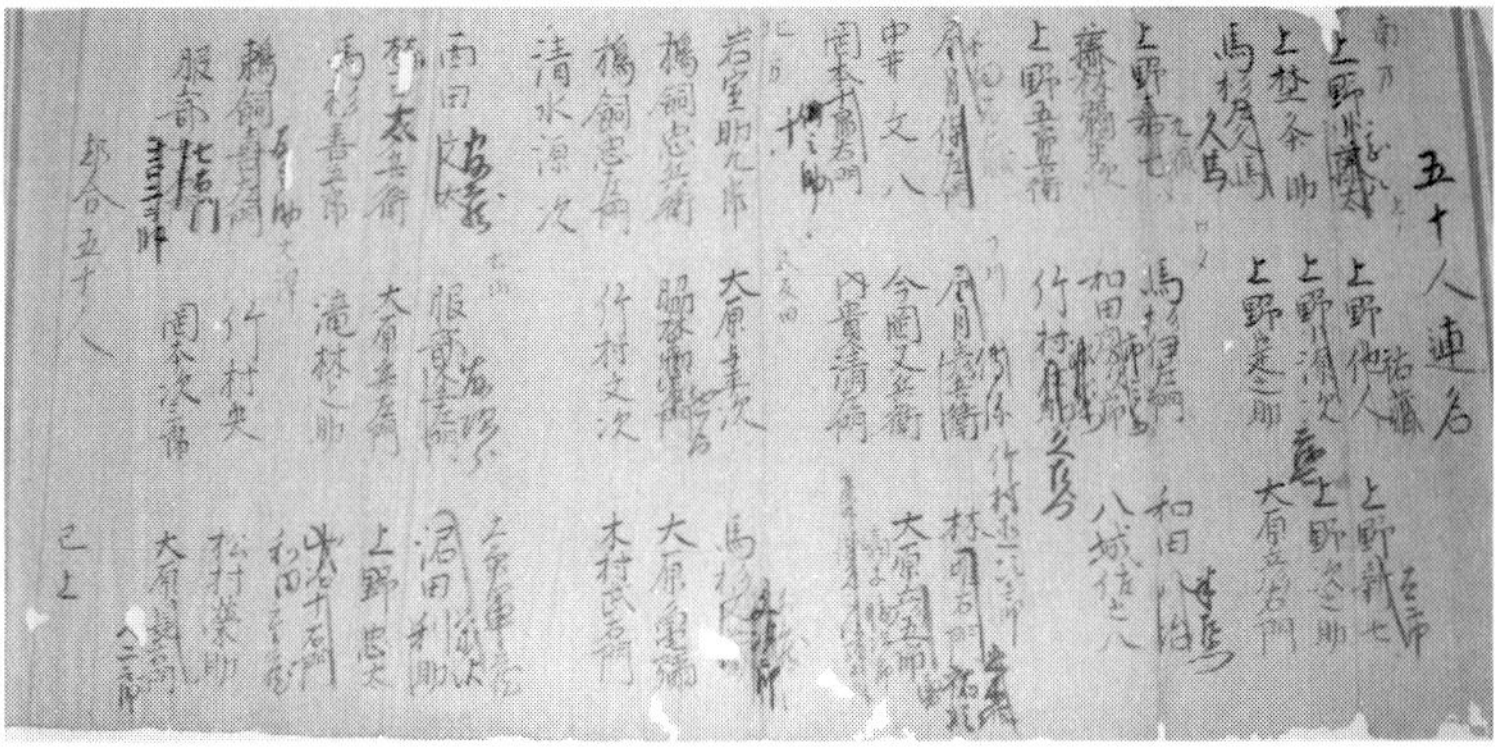

岸和田藩甲賀士五十人名簿（開田宏一氏蔵）

てゆくなかで、残された甲賀武士たちは必死に徳川家に繋がる仕官先を探したのではなかろうか。

　ただ他方では戦国時代の甲賀の自由さ気楽さを懐かしむあまり、前項の望月甚太夫の父親のようにわざわざ武士に採用してもらう道を捨て、息子の時代になって「しまった」と気が付くことも多かったであろう。筆者のもう一軒の分家も幕末に近くなって岸和田藩の五十人組に加えてもらった。

　同じような例は新宮上野村の望月氏にも見られ、相模村の西田氏にも見られる。十〜二十石と云う扶持であった様だ。これでも希望者が多かったのは、全員が元々ある程度以上の耕作面積を有する百姓だったので日常生活はそれで一応足りており、もらった分だけすべて追加収入となり余裕になったためと、何といってもお城勤めをするという元甲賀武士の矜持をくすぐる点であった。

　岸和田藩甲賀士五十人組については全容の把握と共に個別の実態検証が必要であるが、現状は極めて不十分である。その中で馬杉開田氏について若干追跡を行った。先に『馬杉古城之記』を紹介したが、この馬杉開田氏は馬杉地区の中心的な地域に居を占めており、かつ聖徳太子伝説などを伝えている所を見ると、元々平安時代ないし鎌倉時代からあった馬杉庄の荘官の家柄ではないかと推測するが、証拠はない。むしろ系図的には無理やり橘氏やそれに繋がる楠氏につながるが聊か不自然に感じる。

　さてその馬杉開田氏であるが、戦国時代には先の『馬杉古城之記』に記されていた如く、嫡子重三郎が戦死したために、瀧同名中の瀧氏から養子を貰い馬杉の家を繋ぐことが行われた。この結果江戸時代の馬杉村では馬杉家と呼ばれる家はなく、開田家・瀧家・飯田家などが馬杉家としての役を行い、馬杉村から出た場合、ないしは馬杉村から転出移住した場合にのみ「馬杉家」を名乗ることになり、開田家の者も瀧家の者も飯田家の者も京都では同じ馬杉家を名乗っているといった文書が存在する。

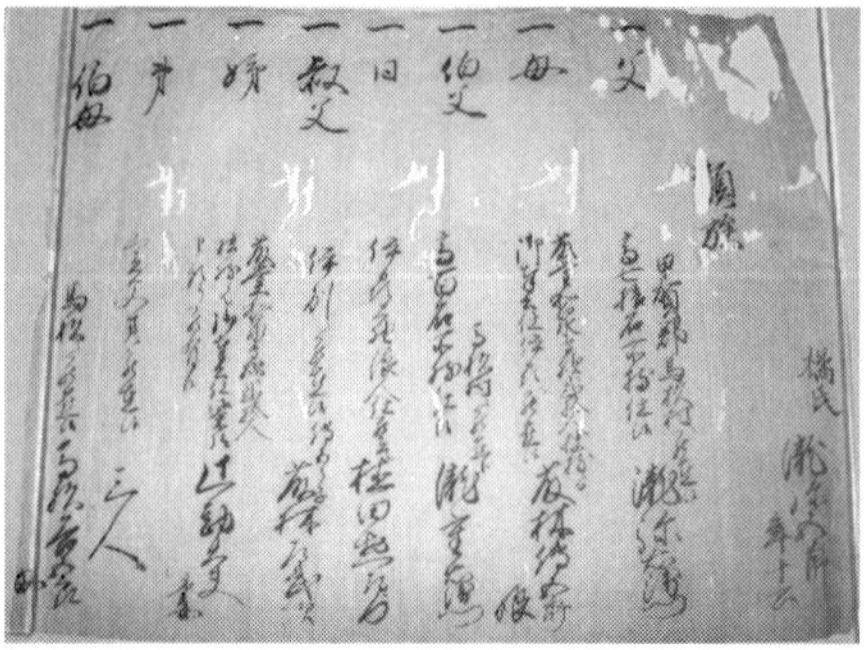
江戸中期馬杉瀧弥五郎親族書き部分（開田宏一氏蔵）

　こんな馬杉一族であるが、少なくとも江戸中期からの岸和田藩甲賀士五十人名簿に三人の馬杉氏が登場する。そして江戸中期には一軒の馬杉氏が岸和田常駐（在住）となっている。常駐とは実は岡部家に仕官した五十人の内最初は五人が常時岸和田詰めとされ待遇もよかったのであるが、中期以降は仲間内に異論が出て、常駐者枠を増やし幕末頃は七～八人にすると共に常駐役そのものを交代で行うことに変更したと云われている。

　その中で岸和田に常駐した馬杉氏はどう乗り切ったのかは分からぬが、比較的一貫して岸和田常駐を貫き、結果として江戸時代を通して武士の待遇（仮に正式身分は百姓であっても）を確保し続けたように見受けられる。その陰で他の二軒の馬杉氏は名実共に百姓身分のままであり、この辺りは同意の上で計画的に行われたのか、或は一軒の馬杉氏が頑張ったために偶々そうなったのか不明であるが、一応岸和田藩に仕官はしているが、依然不安定な或は不明確な身分に置かれた甲賀者の苦悩と頑張りが見えるような気がするが如何であろうか。

　開田氏文書からは江戸中期のある時期の親族一覧表が出て来たのだが、この中の娘の嫁ぎ先や養子の行き先がほとんど伊賀国で全て武士の家系であった。本来は百姓である馬杉村の開田家や瀧家から嫁や婿を武家に行かせることは本来無理があったはずであるが、その一覧表は見事に武家ばかりであった。

　甲賀郡内であればいろいろやっかみやクレームもあっ

たであろうが、これが国境を越えた伊賀国であれば元甲賀武士「馬杉家」のブランドも効き目があったであろうし、岸和田で武士並勤めと云う事実も役に立ったのではないか。元甲賀武士と云う矜持を保つために努力し続けた馬杉一族の努力を笑う訳にはゆかない。

岸和田藩甲賀士五十人組の出動例は余り多くは知られていない。最も知られているのは大塩平八郎の乱の折、警備に動員されていることである。その外では幕末になって異国船が大坂湾を往来した際に警戒のため幾日も交代で海岸に張り付けられている。海岸の配置図とか、異国船から流出したガラス瓶などが残されている。更に藩主の江戸往復の際に土山宿で警護・送迎なども行われた。岸和田藩甲賀士五十人組は警備出動や騒動鎮圧など室町幕府奉公人的業務が多かったように見受けられ、専任の情報探索などは上記異国船騒動以外余り知られていない。戦争への出動も当藩の幕末の動きを反映して余り機敏とは言えない。この辺りの真実は、尾張藩の場合の六家のように岸和田藩甲賀士五十人各家の詳細を検証して積み上げてみないと、見えて来ないのかもしれない。

五　地方藩の甲賀忍者――津軽藩、松本藩、その他の藩

近年、弘前の津軽藩における中川小隼人や松本の戸田藩での芥川九郎左衛門などが江戸時代初期に各藩に採用になり、そこで甲賀流忍術を伝承していることが報告されている。それぞれ詳細に発表されているので、そちらにお任せすることにして、ここでは一言に留めたい。

江戸時代初期甲賀者たちが仕官の先を探すのに苦労していた事実があるとは云え、甲賀者が忍びとして江戸時代に入っても採用されている事実は、忍びの世界での甲賀ブランドの評判が高かったことを証明するものであり、先に紹介した小笠原昨雲の「軍法侍用集」に書かれていたことが、事実として各大名家にも浸透していたということであろう。

例えば池田輝政時代の姫路藩には多くの甲賀武士が甲賀から姫路へ移住している。輝政が祖父の出身地の甲賀から呼び寄せたのであろう。次の代で鳥取藩と岡山藩と若干の支藩に分かれるが、この時一部の甲賀者は姫路に残ったが、多くは藩主と行動を共にして鳥取や岡山或は支藩へ移っている。更に新規に甲賀から鳥取や岡山へ

仕官した者がいたかもしれない。江戸時代の城下町の町割り図を見ればそこに多くの甲賀者の名前が記されている。鳥取では家老となった和田氏や佐治系の荒尾氏の大きな屋敷地が目立ち、その外にも多くの甲賀者らしき者たちの中小の屋敷地が記録されている。

支藩での調査は不十分であるが、米子藩や倉吉藩など短期間の支藩も含め調査が必要かもしれない。甲賀市野田出身の小谷氏が倉吉藩へ仕えた記録があり、支藩ではないが近隣の津山藩に仕えた伴氏は正に甲賀武士の本流の一つとも云える家系である。

これらの甲賀からの移住者の多くは一般的な武士として仕え、その後甲賀忍者的な性格は薄れて行ったと思われるが、中にはわざわざ忍び衆として甲賀から移住した者達が居たかもしれない。それは各藩が忍びのチームを設けていたと思われるからである。今後の調査に期待したい。

六　甲賀古士──百姓、山伏、医師など

江戸幕府下で武士になり損ねて百姓身分になり、江戸時代二百六十年間を百姓として生きた者たちが元甲賀武士の江戸時代の姿としては一番の多数派であった。その中でも特に意識の高い人々は、単なる庄屋には止まらず、一つには当面の生活費を得るためにも医師や山伏や薬屋そして酒・味噌・醤油などの醸造業へ進出したり、或はさらに身分は下がっても商売で稼いで羽振りをよくするとか、十七世紀の甲賀は多くの人達の苦闘の時であった。これらの者達は経済的に少し先が見えるとか、逆に暗転しそうな恐怖におびえて、十七世紀後半から身分の回復運動に取り組むのである。これが甲賀古士を名乗る人達が興した対幕府の訴願活動である。

この時期の甲賀にはおびただしい数の古文書が残されている。とり分けこの訴願活動に関する動きは江戸時代中期以後全郡的に情報共有されていたために、重複も含め少しだけ違う文書が多数存在する。例えば訴願活動に直接は関わっていない当家にも多少とも訴願関係文書が存在する。

しかしこれらを読んでこの訴願活動を下賜金目当てであるとか雇用先欲しさの就職運動や社会的体面の向上運動のようにとらえるのは間違いである。勿論見えもあり

家名を挙げたいとか、或は経済的な要因が無かった訳ではないが、彼等は元の自由な身分に戻りたかった、そのための武士身分の獲得それが本来の動機であり欲求であった。

そんな彼等をとらえて「甲賀古士などと云う身分詐称のようなうわ言を発し、有りもしない忍術や忍者の活躍話をでっち上げた哀れな連中」という視点で取り上げるのは止めにしてほしい。

幕府から忍者としての日々の研鑽を怠っている者が彼等の中にいることを指摘された時、彼等はそのことを恥じ、すぐさま『万川集海』などの忍術書などを整備し、研鑽に取り組んだことが知られている。彼等は真正面から一流の甲賀武士であることを目指したのである。彼ら元甲賀武士たちの想いをもっと素直に受け止めたいと思う。

江戸時代多賀大社坊人の居住地
（多賀大社調査）

地域		人数
甲賀町	毛枚	3
	大原	13
	滝	1
甲南町	新宮上野	12
	下磯尾	3
	虫生野	2
	塩野	2
	深川	4
	池田	2
	野尻	18
	竜法師	12
	野田	2
	市ノ瀬	3
	平野	3
土山町	高野	1
	土山	1
計		82

『観音院古記録一』宝永元年より

百姓身分になった元甲賀武士の多くは、江戸時代の始め帰農して百姓専業になり、多くは村の中の有力者として庄屋などを務めることが多かった。しかしそれだけでは彼らが身に付けて来た教養を十分に発揮する場が足りなかったのであろう。多くの飯道山修験山伏が山を下りて里山伏となり、伊勢朝熊山《あさまやま》、多賀神社、祇園社、稲荷社などの勧進を引き受ける神人《じにん》となり、全国を歩き周ることになった。

杉谷の望月氏には甲賀三郎物語を基軸とした「諏訪の本地」と云う諏訪神社勧進の為の唱導本が残されており、彼らが修験山伏として修行のために全国を行脚していた中世に、諏訪神人と甲賀山伏との接触があったことが想起される。そんな時代を経て、江戸時代に入ると里山伏となった甲賀の山伏たちがかつての諏訪勧進の経験を活かし、お札と薬を持ち歩き要望に応じて祈祷などを行ったという。経済的にもそれなりの見返りもあり、盛時には甲賀、特に杣谷には常時百～二百人の御師《おし》、坊人《ぼうにん》などと呼ばれた神人が存在した。

薬草の知識を生かして医者（特に漢方医）や薬屋になる者も多く、村の数より医者の数の方が多かったと思われる。実は先に紹介した当家の古い分家「渡辺権右衛門」家も尾張藩では忍び役であったが、杉谷村では百姓身分の漢方医であり、時には水口藩御殿医も務めたという。馬杉家からも医者が出ており、望月家からは数人の医者が誕生していて、その内の一人は江戸で成功して幕府御用となり、数代を経て漢方医の大家望月三英を輩出した。大原数馬家なども江戸時代後半には医者になっている。

今回このカテゴリーの人々に関する紹介はここまでにとどめ、敢えて「たわごと」を一言いっておこうと思う。それは天保十三年（一八四二）に甲賀郡と野洲栗太両郡を巻き込んで三万人もの規模になったという近江天保一揆についてである。この一揆は庄屋層が主導したこと、水口藩も役人衆の多くも黙認したこと、そして「検地十万日日延べ」という目的を達して成功した一揆であったという点で大変特異な一揆である。勿論幕府の反撃や過酷な取り調べによる多数の死者発生など目に余る悲惨なものを残しはした。しかし百姓中心の衝動的な百姓一揆でなく、公式の庄屋会議で計画され、それが漏れずかつ当日も厳しい弾圧がされなかったのはなぜか。

ここ甲賀に連綿と続く、自分たちで考え自分たちで決め自分たちで実行するという甲賀郡中惣に導いた思想があったからと考える。この時の庄屋層とは同名中に於ける客分や若衆であった人々の子孫ではないか。つまり、戦国時代同名中のトップ層にいた甲賀武士たちの多くが何らかの形で甲賀を去り、当時若衆であった村のナンバーツー、ナンバースリーだった人々の二百四十年後の子孫が幕藩体制の中で武士にもなれず、忍者にもなれず、他への転換もできず、庄屋層として村を運営していた。その彼らが考え議論し決定し行動に移したそれこそが近江天保一揆であった。

七　渡辺俊経家文書

江戸時代甲賀忍者の子孫

西暦二〇〇〇年春、私（筆者）は東京での三十七年間のサラリーマン生活を切り上げ、妻ともどもこの故郷杉谷へ帰って来た。故郷では「晴耕雨読」の生活が待っているはずであった。しかし当てが外れたものが二つあった。

一つ目は即刻やって来た。それは杉谷から一～二時間の行動範囲に多くの本物の歴史遺産があり、文化施設があり、学ぶ機会がふんだんに存在することであった。私は理科系の人間で決して歴史や文化に関心が深い訳ではなかったが、それでも学生時代に感じていたものとは全く異なる「日本の文化や歴史の真ん中にいる」感覚は自分でも不思議な「日本人であることを取り戻す」瞬間であった。東京ではどこへ行くにも一時間や二時間は覚悟していた身には夢のような気分であった。杉谷の地が余りに便利だったからである。また後に新名神高速道路が開通、我が家から一㎞の場所にインターチェンジが開設され、さらに増幅されてしまった。この結果「晴耕雨読」ではなく、「晴耕雨お出掛け」状態となり、寺社や仏像や歴史の跡を求め歩くこととなった。

二つ目は偶然が重なってやって来た。名古屋市在住の鬼頭勝之氏が一九九五年頃に名古屋の我楽多市で尾張藩関係者から流出したと思われる「甲賀五人文書」を発見され、そこに出てくる木村奥之助と五人の甲賀忍者の家系を探しておられたが見付からず、一九九九年頃そのあとを甲南忍術研究会の故服部勳氏が引き継いでおられたのである。

帰郷直後、私は中学校時代の同級生故杣庄章夫君が会長をしているという甲南忍術研究会を訪ねる必要が生じ、服部勳氏にもお目に掛ったのである。

今から思うと飛んで火にいる夏の虫同然で、その二、三ケ月後に、服部氏から「渡辺善右衛門と云う人を知っていますか」と尋ねられ、「知っているどころか私が渡辺善右衛門です。昔通り襲名して居ればですが」と云う会話があったのだ。

直ちに当家の系図を調べて文化十一年（一八一四）当時の渡辺善右衛門が当家先祖の渡辺善右衛門俊宗であることを確認し、当家が尾張藩に仕えた江戸時代の忍者であったということが判明したのであった。祖父母も父母も我が家が忍者の子孫であるとは一切教えてくれておらず、全く想定外の事態であった。ここまでが当家が忍者の子孫と云う事実が確定するまでの経緯である。

古文書の発見と翻刻

そして二〇〇〇年の夏頃のことである。蔵に刀や袴があることは以前から承知していたが、ひょっとして何か忍者の子孫らしい証拠の品が蔵に残っているのではないかと考えたのであった。蔵の長持や古箪笥を一つずつ点検していった。

長い留守で天井が抜けたので工事をしていたことや、三月に一時帰郷して受入れ事前掃除をしてあったので、テレビでたまに拝見するような蔵いっぱいの荷物と云うことは無く、捜索はほぼ一日で終了した。

古文書が収納されていた箪笥

実はその最終段階で蔵の二階の一番奥の箪笥のその右下隅に錠がかかった扉があった。錠自体は壊れていたが、その扉の中に四段の引き出しがあり、その下二段に古文書が詰まっていたのである。

崩し字が読めず詳しいことは理解できなかったが、それでも忍術関連文書であることは薄々理解できたので忍術研究会の仲間に見せたところ、間違いなく忍術関連文書だと確認された。その後忍術研究会のメンバーであった故服部勲氏が二、三件ずつ見せて欲しいと云って持ち帰られ、翻刻しては分かったことを報告書にされることが数度続いた。しかし全容は分からぬまま個別の解読だけが続き十五年以上が経ってしまった。

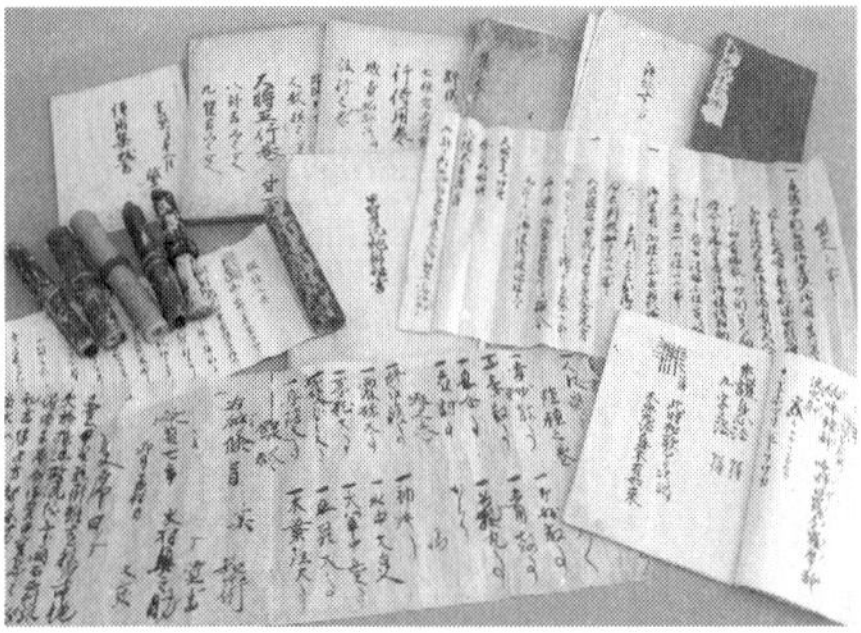
発見された古文書類（著者蔵）

二〇一五年頃から甲賀市観光推進課と話し合い、甲賀市の財産として全面的な翻刻をしようということになり、二〇一六年のほぼ一年を掛けて歴史文化財課の全面協力で、当家の文書の整理と翻刻をしていただいた。

二〇一七年三月には『渡辺俊経家文書―尾張藩甲賀者関係史料』として刊行して戴き、二〇一八年末には尾張藩関係史料の第Ⅱ巻も刊行され、この中には当家文書の一部が現代語訳された。そこには生業としての忍者稼業をしっかり務めなければならぬといった気概が感じられる、そんな学びの材料が保管されていた。我が家の先祖たちはこれだけの内容を学び取ろうとして、日々それなりに努力を続けていた様子が目に浮かぶ文書構成だったのである。

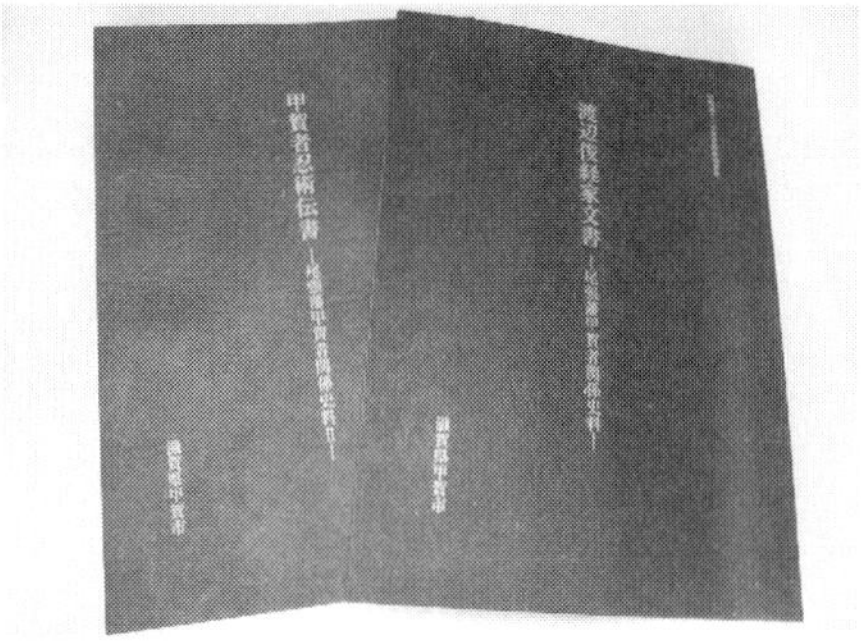
『尾張藩甲賀者関係史料Ⅰ，Ⅱ』

当家文書の簡単な紹介

当家文書の内容の詳細は刊行された翻刻資料『渡辺俊経家文書―尾張藩甲賀者関係史料』をご覧いただきたいが、当家文書の特色をごくかいつまんで次に述べる。

代替わりの誓約書（起請文）―『盟文之事』

江戸時代に忍者が代替わりする時の手続き書が判明した。新任に当たって①任務遂行の決意表明、②保証人による連帯保証責任履行、③秘密保持義務、④起請文形式による宣誓の四項目で構成されており、父から息子に代替わりする際、元禄時代に作られた雛形を用いて同書式で繰り返し尾張藩へ提出されている。当家では七代六回の交代の内、五回の手続き書が残されていた。

実学習得資料―『渡部流炮術指南書』『真々流居合免状』『馬医の事』など

忍者の学習教科書的な資料として忍術や火術の文書があるのは当然であるが、当家文書の特色の一つは実学の教科が多種多様で、こんなに幅広く学んでいたのかと、我が先祖ながら今更その熱心さに驚嘆する。恐らく修験道で学ばれていた基礎科目に木村奥之助の指示もあって「甲賀忍者らしい学び」が加えられたのであろう。まず

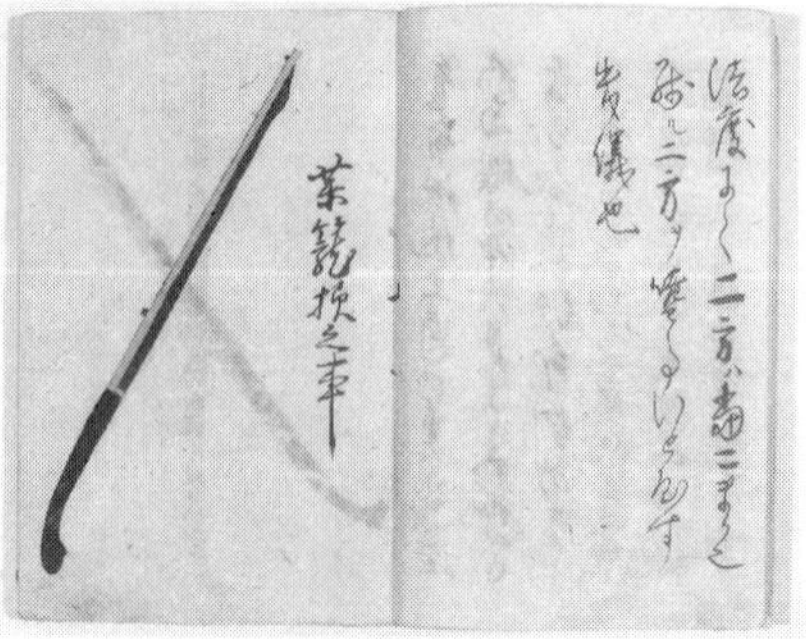
『渡部流炮術指南書』（著者蔵）

は科目だけで挙げると次の通りである。

忍術（暦、天文、方位学、薬学等を含む）、居合、弓術、軍馬、馬医、火術、砲術（鉄砲）、体術、水上術、兵法（楠兵法や『軍法侍用集』の抜書きもあり）、数学など

薬学・薬草の専門書がないがそれは分家が医者だったのでそちらに任せたのかも知れない。

忍術書—『忍次之火巻』『伊賀甲賀唯法』『忍法行巻』「飯綱法相伝書」など

当家では『万川集海』や『正忍記』などの大部な忍術書は伝来していないが、『万川集海』が刊行された四年後でまだ正忍記が刊行される以前の日付の忍術書を含め、小編の忍術書が主体である。このことは『万川集海』を

忍術伝書『忍法行巻』（著者蔵）

編纂した藤林保武（保義）の自宅まで数㎞しかない杉谷の当家に四年後とはいえこのような「忍術情報」が仲間から集まって来ていたことを示しており、伊賀甲賀の四十九流派の知識を集めて編集したという『万川集海』の編纂がどのように行われたかを想像させるものである。

つまりこの種の小編の忍術書は地元忍術仲間で情報共有するためにお互いにやり取りされており、忍者仲間同士では情報の交換は頻繁かつ迅速であったと思われる。

八　江戸時代の甲賀忍者とは何であったのか

戦国時代の元甲賀武士の内、江戸時代になって武士になった者たちの多くは、地方藩に行った者たちも含め

て、役人となって日々平穏に過ごすことが自らの役割となり、自分で考え自分で判断して自分流に行動するという「甲賀忍者的」行動からは遠ざかっていった。江戸甲賀百人組の面々も「忍者的」側面を評価されて採用はされたが、実際に担当した業務は受付と云うデスクワーク的なものや鉄砲同心的なものが多く、最早や「忍者的」のものではなかった。

各藩に「忍び役」として採用された甲賀者達は、武士になった者も、武士になれず百姓のまま「忍び役」を担った者たちも、採用者側も本人たちも共に「忍び役」が本来業務であることを認識し、日常的に自身が忍者であることを意識して行動した。つまり彼等は「生業としての忍者業」を営んだということになる。現代的に云えば「職業としての忍者業」を自覚していたことになる。

江戸時代を通じて甲賀にいて百姓身分で過ごした元甲賀武士は、庄屋や医者や山伏を営みながら、戦国時代のように自分の意志で自由に活動する場所がなく自らの能力を発揮する機会には恵まれなかったが、日々甲賀武士であるための学問訓練、即ち甲賀忍者であるための修練鍛錬に打ち込んでいた。幕府への訴願行動もその実力発揮の場所を求めた行動であったとすれば、彼らも「生業としての忍者」を目指していたと云える。

江戸時代の甲賀忍者はほとんどの者が百姓身分と云う制約の中で、しかも忍術需要が減ってゆく中で、実は少なくとも雇い主に対しては、自分から忍者であることを売り込みアピールするという「生業としての忍者」に転換したことが分かる。当家の場合は幸いにも百九十年間尾張藩に雇っていただいたが、不幸にして二百六十年間雇い主が現れず、しかしそれでも自分たちは忍術を学んでいるとアピールし続けた人達が甲賀には百人以上いた。

第五章　甲賀忍者の真実とは

一　忍術書について

よく知られているように元々忍術と云うジャンルが先にあってそれを学んだ者が忍者になれるということではなかった。逆に甲賀武士の活躍が甲賀忍者とみなされるようになり、何か特別の技が使われたはずだとして、忍術と云う技のジャンルを後付けで創り出したのであった。その際その忍術と云う技のジャンルを世間的に創り出すことに貢献したのが、江戸時代前期に発表された『万川集海』や『正忍記』であった。これらの大部な書物はその編著者自身が述べているように、あくまでも自分の周辺や、武士仲間で伝わり行われている技の情報を取りまとめたものである。従ってこれらに書かれていることは忍術の基本でもなければ忍術の要諦でもない。本来単なる寄せ集めである。

しかしそれでも価値があるのは編著者の経験や見識がそこに反映されていて、一応の統一性や一貫性が認められるからであり、これは編著者の流派の指南書を読んでいるのと同じである。これは江戸時代の剣術流派が次々と奥義書をまとめ幕府や各藩に流派を売り込んでゆく様と似ている。云わば「万川流」や「正忍流」の指南書であると思って読めばよいのである。

ところが、戦国時代の甲賀武士たちはこのような大部な忍術書はおろか一切の指導書のない中で、基本は口伝えで技術を教え合い学び合ったはずである。せいぜいレシピ的な書付があり、若干のメモが回覧される程度で技術が伝承され練り上げられていたものと思われる。忍術書登場の前夜である。

江戸時代になって、自分が忍者であることを主張する必要が生じた時、自分が出来ることをまとめ、一枚の文章にしたのではないか。或は他所で入手した情報をメモにして仲間に手渡したのではないか。それが大部な忍術書が世に出て来る前の忍術書であった。この短い文書は戦国時代の甲賀武士仲間の間に流通していたメモや書付と同様に、江戸時代の元甲賀武士の間を流通していたのであろう。全ジャンルをカバーしておらず、忍術の技を定義して懸ろうとする大げさな動機も感じられず、ごく素朴な初発的な忍術書である。

藤林保武（保義）はこれらを自分の才覚で見事に編纂して見せ「万川集海」を世に出しただけのことである。

二　甲賀（伊賀）忍者と各藩の忍者との違い

このような初発的な忍術書を取り交わす仲間たちの一人に或日どこかの藩から忍者として採用の話が飛び込んできたとき、仲間たちはその行き先の藩がどこかを承知して彼を送り出す。つまりお互いが敵味方に分かれて戦うこともあり得ることを承知で送り出すのである。こうして出来上がったのが全国を網羅する甲賀武士のネットワークであった。戦国時代たとえ激しく敵対する隣国同志に分かれて仕えることになっても彼等は実に密接に連絡を取り合っていたという。若い時に飯道寺で共に学んだ仲間意識がそれを可能にしていたのではなかろうか。

しかし江戸時代に入り、各藩での忍びの部門が各藩の組織の中にはめ込まれ、各藩の人材で固定化するようになると、これは古代エジプトのスパイ組織と同列の組織になっていった。つまり個々の忍者とされる人達は自分で判断する必要が無く単に命令を待つだけの存在になったのである。

当然横の忍者同志の連絡も行われなくなり、他藩の忍者達との連絡など考えられなくなった。甲賀から出掛けて各藩で立ち上げた忍者組織でさえ甲賀の者達との連絡はきわめて悪くなり、せめて甲賀に残る者達だけでも連絡を取り合おうとする。これが形として残ったのが甲賀に在地で忍者を生業として尾張藩や岸和田藩へ仕えた甲賀者たち、そして甲賀に残り二百六十年の江戸時代を通じて忍者修業を忘れず続けた隠れた甲賀忍者たちの仲の良さ、連絡の良さであり、これが甲賀忍者の本質であろう。

もう一つ留意すべき甲賀忍者の特性がある。彼らが自分の得意な分野についてメモをまとめ、仲間に手渡していることの意味はお互いに向上、上達しようという全体の強い意志を感じる一方、実は仲間にはそれぞれ得意、不得意な分野があることを認め合って、お互いにカバーし合おうという共通意志があることを示してもいる。

同名中与掟にもあるように、各人が得道具《えどうぐ》（得意な道具）を持って城へこもることを求められており、甲賀では、各人の得意能力を無限に発揮して協力し合うことが、訓練を重ねてあらゆる知識技術を向上させることと同列に重視されていたのである。

このためにも日頃からネットワークの充実が求められたのであった。

三　甲賀忍者の真実

読者各位には、黒い服を着て飛んだり消えたりするのが忍者だとは思わなくなって戴いたと思うが、繰り返し指摘したように忍者が知的集団であることを改めて強調したい。

彼等は他人のことまで考えることのできる高いレベルのリテラシーを身に付け、同時に多くの実学を学び、いざという時に危機をかいくぐれる武力と体力と知力を身につけ、仲間の甲賀武士同志では常に生きたネットワークで情報交換やレベルアップに心がけ、自分で考え、自分で判断でき、自分で行動して共通の目的を達成できる者達であった。

海外の方々が陥り易い、武道集団（マーシャルアーツの門人集団）や暗殺者や殺人鬼集団といったイメージとは全く正反対にある、血の通った普通の人間のまじめな集団であることを指摘しておきたい。即ち中世農民の自治を自分達でやり遂げることが出来た甲賀の地侍達こそが戦国甲賀忍者の本質であった。

忍者であると自らは決して云うことが無かった戦国時代の甲賀武士（実は甲賀忍者）と、生業とするために雇い主には自分が忍者であるとアピールせざるを得なくなった江戸時代の甲賀忍者ではまるで別ものであるように思われるが、「役割を果たすために学び続ける、そのためにも仲間と密接に連絡を取り合う」ことが実は両者に共通する属性であった。

伊賀忍者にも同じ属性があり、彼等は藤堂藩と云う組織に取り込まれ無足人と云う階級に規定されたが、横の連絡の重要性が認識され他藩の動向などの情報が共有されていた。このような情報伝達の良さが甲賀・伊賀のリアル忍者たちの本質の一つであった。このネットワークがあってこそ組織と関係なく活動できる自立した忍者であり、それが甲賀忍者であり伊賀忍者であった。

四 あらためて甲賀忍者とは

古代の甲賀は開化の進む先進地であり、そこには先進技術と優れた人材が集まり、都と全国の情報が集まっていた。その中心には地主神や産土神が坐まし、そこへ南都仏教や天台仏教が集まり仏と神々が習合して行く中で修験道の修験者たちも集まって来た。その結果、文明と精神文化の両面で古代の甲賀は全国の先頭にあった。

中世の武家の時代が始まると、甲賀では農耕が中心となり、外見上は荘園の支配となるが、実質的には各村に異なった由緒を持つ有力な家が確立して来て、村の自治を助ける側に回り、最終的には同名中惣や甲賀郡中惣の成立に結びついた結果、村は彼ら小領主が中心になって運営されることになった。彼ら小領主は南北朝争乱期を画期として武士化して行き甲賀武士として自立して行く。しかし決して突出して大名化して行くようなことは起こらなかった。むしろ彼等は天台宗や修験道や或は地元の中核的な神社に深く帰依し、古代以来の精神世界を受け継いだように見え、同時に高度なリテラシーを身に付けて行った。

この甲賀武士たちはその総合的有能さ故に京都で室町幕府の被官になり、細川、一色、六角といった守護大名にはそれぞれの地元で被官として受け入れられ、六角氏の地元である甲賀では日常の自治権と取引したような形で甲賀武士団として六角氏の親衛隊となるなど武士としての評価を高めて来た。

そんな時発生した長享の変（鈎の陣）で甲賀武士たちが活躍し、その結果の余りの見事さゆえに世間様から「甲賀の忍び」と称賛され、これが甲賀忍者のデビュー戦となったのであった。その後甲賀武士は戦国時代を通じて多くの戦国大名から招かれて各地に転戦するが、忍びと云う仕事の性格上残念ながら明確な記録の残るケースは多くはない。

江戸時代になると、武士階級になった者たちの多くが「忍者働き」から離れて行ったが、各藩に採用された甲賀者（一部は武士だが多くは百姓身分）が自ら「忍び役」であることを自覚し主張する形の「生業としての忍者」となる。また百姓身分にされたまま甲賀に残された元甲賀武士もこの「生業としての忍者」を目指しており、これは彼等の元甲賀武士であったことの矜持であった。

小笠原昨雲の『軍法侍用集』を介して見ると、江戸時代の忍者の実体や見つかりつつある江戸時代文書の内容からは、「文書は江戸時代だけれど内容は戦国期と同じはず」「戦国時代の甲賀忍者（厳密には甲賀武士）も江戸時代の忍者と実は同じことをやっていたのだ」という形で両者につながるものがあって、「戦国時代には間違いなく甲賀武士と云う名の甲賀忍者が存在した」と断言できることになる。

最後に甲賀忍者を敢えて一言で定義すると、「自分が忍者であるとは一切自覚せず、深い基礎教養と高度な実学と強い武術を身に付け、たとえ他人の為であっても自分で考え自分で判断し自分で行動することのできる世に優れた甲賀武士」ということになろうか。江戸時代になってもこの定義の基本は変わらず、「自分は忍者だ」と自覚し雇い主に対しても「自分が忍者である」ことを主張した点が加わっただけである。

第二部

甲賀忍者に関する研究報告

第一章　甲賀武士望月氏の由緒について
――甲賀武士望月氏は何時どこからやって来た

はじめに

望月氏は遅くも室町時代には、甲賀に於いて甲南地区を中心に複数の村を領有し、戦国時代には甲賀武士として甲賀五十三家あるいは甲賀二十一家の一員であるとして知られ、甲賀郡中惣の自治にも参画する有力甲賀武士であり、時には甲賀忍者の頭領の一人とも目された。

またこの甲賀の望月氏（甲賀望月氏）は信州の古代豪族滋野氏の一分族（信州）望月氏の分流であり、かつて平安時代から鎌倉時代の頃に近江守の受任による甲賀郡内の支配地獲得で定住したとか、甲賀三郎伝説を担う諏訪信仰の伝播と共に甲賀へ移住したと伝えられ、甲賀望月氏の系図にもほぼそのように記載されている。しかし滋野氏や信州望月氏や諏訪氏が近江守や近江権守等を受任した、ないしは甲賀に領地を拝領したとの中央の公式の記録は未だ発見されておらず、また信州望月氏側には甲賀へ移住したとの転出の記録も見当たらない。即ち信州から甲賀へ移住して来たとするのは甲賀望月氏側の一方的主張に留まっている。

中世甲賀武士誕生の由緒を知るためにも信州望月氏と甲賀望月氏の繋がりを辿りたいが、次節では『望月町誌』の記述を参考に、先ずは信州望月氏の盛衰を簡単に振り返っておきたい。

一　信州望月氏の概略史

望月氏と母集団滋野氏のルーツ

望月氏の母体であるとされる信州の古代豪族滋野氏については、代表的な一族の系図である『信州滋野氏三家系図』を始め多くの系図に記載されているように、清和天皇の第四皇子貞保親王をルーツとする説が一般的に流布されている。

しかし信州には弥生時代・古墳時代には安曇族をはじめとする渡来人系の有力氏族が展開しており、滋野氏も元々そのような有力渡来人系の一族ではなかったかと思われる。鉄や馬といった当時の先進的有力産物を通じてヤマト政権と繋がり、或はヤマト政権の成立になにがしかの協力を果たしたかもしれない。

そもそも奈良時代・平安時代初期の下級貴族滋野氏が信州へ下向したとの記録はなく、有力地元豪族が「皇族から分かれた」とする滋野氏伝承を後の時代になって作り上げたものと考えるのが妥当であろう。

滋野氏と祢津氏、海野氏、望月氏

また滋野氏と望月氏との関係についても、滋野氏から祢津(根津)・海野・望月の主要三家が分かれたとするのが通説であるが、これら三家は古代に連携しつつ東信州に展開した近親部族であり、「元滋野氏グループ」という大豪族を構成する主要家族であったと考えられる。従って滋野氏から三家に分かれたのではなく、元々豪族「元滋野氏グループ」の主要メンバーであったものが、平安時代以降も三家体制が残ったもので、「皇別氏族滋野氏」を確立する都合上、滋野氏から分かれたとのストーリーを後世作り上げたものであろう。

清和天皇
- 第一皇子陽成天皇
- 第二皇子貞固親王
- 第四皇子貞保親王—菊宮—善淵—滋氏　賜滋野姓
- 第五皇子貞純親王—(清和源氏)
- (内親王)

滋氏—為廣—為通
- 則廣(海野)従五位下武蔵守
- 道直(禰津二郎)
- **廣重(望月三郎)**—国重—国親—

『信州滋野氏三家系図』(続群書類従第七輯上　系図部)冒頭部分略系図

馬飼としての望月氏

古代信州は馬の一大生産地であったために十六もの御《み》牧《まき》(官製牧場)が作られ、その中で最大の牧の管理運営を預かる望月氏は信州の代表として朝廷に頻繁に出入り

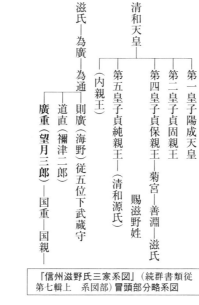

し、近江・京都国境の逢坂山を越えて献上される信州の馬は「望月の駒」としてよく知られ、紀貫之ほか多くの歌人が「望月の駒」を題材として和歌を詠んでいる。

逢坂の関の清水に影見えて
今ぞ牽くらん望月の駒
紀貫之

馬を飼育して朝廷に献上する業務は左馬寮《さまりょう》や右馬寮《うめりょう》といった朝廷の機関を通じて行われ、供給された馬は北面の武士など朝廷内の武士たちに引き継がれ、或は更なる調教のため都の近くに置かれ、時には馬の調教や病気治療などでこれらの武士と出張して来た望月氏の一部が交流していた可能性は高い。さらに、馬を乗りこなせる望月氏の一族は仮に身分が低くとも戦いの際の実戦部隊としては大いに役立ったはずである。

武家としての望月氏

その結果、望月氏の武士化はかなり早い時期から進んだ。実際に起こったのが、源平の合戦である。治承四年（一一八〇）望月氏は根津氏・海野氏と共に木曽義仲の挙兵に応じた形で源氏軍に従軍したのである。義仲軍は調子よく勝ち続け京の都を陥落させ平家を京から追出すことに成功したが、占領軍としての京都統治に失敗し、寿永三年（一一八四）味方のはずの源頼朝から派遣された源範頼・義経軍に敗れて敗走することになった。大将の義仲は大津の粟津で自刃し、望月氏は頼朝から信州の領地を没収され、家系断絶の危機に直面する。

ここで望月氏は息子たちを鎌倉に差し出し、御家人として受け入れてもらうことで、改めて頼朝に臣従することになった。後に頼朝から信州の元の領地を安堵してもらい、三男が地元に戻り、信州に於ける望月家本家が復活する。

南北朝期の望月氏

元弘三年（一三三三）鎌倉幕府の崩壊に当たって、望月氏は足利氏や新田氏の軍には参加せず、鎌倉に於いては北条軍の一翼として敗戦し、領国信濃に於いては辛うじて領地を死守したものの、後醍醐天皇から任命された小笠原氏が守護として着任し、その後幾度となく望月氏の領地に干渉されることになった。

先ず北条氏の復興を画策した建武二年（一三三五）の

郵便はがき

お手数ながら切手をお貼り下さい

522-0004

滋賀県彦根市鳥居本町655-1

サンライズ出版 行

〒

■ご住所

■お名前《ふりがな》　■年齢　歳　男・女

■お電話　■ご職業

■自費出版資料を　希望する ・ 希望しない

■図書目録の送付を　希望する ・ 希望しない

サンライズ出版では、お客様のご了解を得た上で、ご記入いただいた個人情報を、今後の出版企画の参考にさせていただくとともに、愛読者名簿に登録させていただいております。名簿は、当社の刊行物、企画、催しなどのご案内のために利用し、その他の目的では一切利用いたしません（上記業務の一部を外部に委託する場合があります）。

【個人情報の取り扱いおよび開示等に関するお問い合わせ先】
サンライズ出版 編集部　TEL.0749-22-0627

■愛読者名簿に登録してよろしいですか。　□はい　□いいえ

ご記入がないものは「いいえ」として扱わせていただきます。

愛読者カード

ご購読ありがとうございました。今後の出版企画の参考にさせていただきますので、ぜひご意見をお聞かせください。なお、お答えいただきましたデータは出版企画の資料以外には使用いたしません。

●書名

●お買い求めの書店名（所在地）

●本書をお求めになった動機に○印をお付けください。

1．書店でみて　2．広告をみて（新聞・雑誌名　　　　　）

3．書評をみて（新聞・雑誌名　　　　　）

4．新刊案内をみて　5．当社ホームページをみて

6．その他（　　　　　）

●本書についてのご意見・ご感想

購入申込書　小社へ直接ご注文の際ご利用ください。お買上 2,000 円以上は送料無料です。

書名	（　　　冊）
書名	（　　　冊）
書名	（　　　冊）

中先代の乱では、望月氏らは北条氏の残党と共に一時鎌倉を手中にするが、一ケ月後には足利尊氏に攻められ望月氏は敗戦離散したという。それればかりではなく、この留守中に地元の望月城を守護小笠原氏に攻め落とされ、一時帰る所もない状態であった。

次いで観応二年（一三五一）の観応の擾乱に於いては足利直義と南朝方につき鎌倉にこもったが、ここでも足利尊氏軍に敗戦し、さらに武蔵合戦で再度足利尊氏に挑むも笛吹峠で敗戦した。この時期望月氏は連戦連敗であった。

室町時代の望月氏

足利尊氏に徹底的に反抗したために、室町幕府には出仕できず、地元では連戦連敗による零細化の上に、守護小笠原氏との折り合いも悪く、武士としての望月氏は見る影もない状態であった。他方、馬飼としての望月氏は、この頃までは望月の牧を稲作農地化せず依然として牧場経営を続けてはいたが、馬の生産頭数は減少し、朝廷への献上は依然続いては居たものの、その数は激減し毎年せいぜい一、二頭で、時には献上のない年もある状態であった。

戦国時代の望月氏

天文十二年（一五四三）武田信玄の信州進出に際し、望月氏は信玄と戦って敗戦し、ここで信州に於ける望月氏は滅亡する。その後望月氏の名跡を惜しんだ信玄が望月氏の残党の望みを聞き入れ、自分の甥に望月の名跡を継がせ、領地は東信州に有するものの、いわば甲州系の望月氏が誕生する。

しかし天正十年（一五八二）武田勝頼が信長・家康連合軍に攻められて滅亡したとき、この復興された望月氏も武田氏と運命を共にして信州望月氏は名実ともに滅亡したのである。

周辺の信州望月一族

望月本家は滅亡したが、必ずしも一挙に全員が戦死した訳ではなく、負け続けた歴史の中にもその時々に連枝衆や残党と呼ばれた人達がいた。彼らの中には故郷での再興をあきらめ、他の地方へ出て行った者達が居た。戦国時代を機敏に戦った真田氏に臣従した者もおり、甲州から駿河へ向かう富士川の流域に集団的に望月一統が移住したと思われる地域もある。この中に甲賀を目指した者達が少々はいたようではあるが、戦国時代の最終段階で大量の望月一統が集団で甲賀へ移住した事実は認められない。

二　文献にみる甲賀望月氏

そこで甲賀の地元や京都に残る古文書中に登場する望月氏を追うことにする。信州望月氏が考古学的資料や都に残る文献を辿って古代まで遡れるのに対して、甲賀望月氏はせいぜい南北朝期までしか遡れない。現時点では、文献的には鎌倉時代の甲賀には望月氏は居なかったことになる。

大般若経寄進者名簿（飯道寺）①

甲賀に残っている望月氏に関する文書で現時点で最も古い年代のものである。関谷和久の調査によると、南北朝時代後半の永和～明徳年間（一三七五～一三九三）に於ける飯道寺への大般若経寄進者は全国から僧俗合わせ

甲賀望月氏に関する初出文献（文献の年代順）

	文書名	西暦	発給者	受取人	趣旨・概要
①	大般若経寄進者名簿	1375～1393	飯道寺記録		18年間で68件の寄進者の中に「鵜飼殿」「望月殿」とあり、望月氏が武士として扱われている
②	望月良仙寄進状案	1424（書写1747）	望月信濃入道沙弥良仙		塩野平尾に御神田を寄進し、諏訪大明神を勧請（再建）して塩野・山上両村で祀る
③	御前落居記録	1431	足利義教	望月次郎左衛門尉重長	杉谷村地頭職を上杉持憲と争い重長が訴訟勝利 証拠1　1351年　足利尊氏御下文 証拠2　1397年　足利義満御判教書
④	宇治川原保代官職補任状	1442	任命者不詳	望月信濃守	甲賀郡宇治川原保（現宇川）代官職に山中氏に代って望月信濃守を任命
⑤	『応仁別記』	1463頃	（物語）	応仁の乱直前足利義正の命で畠山義就を討つ	「公方勢（畠山勝元畠山政長勢）の一員「公方勢・・山名禅定忠是豊・武田太夫・信賢弟治部少輔國信・鵜飼・望月・関・長野・伊勢国司も打ちたてらる」
⑥	給恩宛行書状	1470	六角政勝	望月弥次郎	望月弥次郎が杣庄内竜法師、野田、深川を知行する様指示
		1470か	六角行高	望月弥次郎	麻生庄の代替地を高島で支給

て六十八名あった。このうち鵜飼殿、望月殿といった敬称付き氏名が五名あり、これらは明らかに武士の名称であるとされる。遅くも南北朝時代後半には近隣の鵜飼氏と共に望月氏が地元で武士として認められる存在であったことを証明していることになる。

望月良仙寄進状案②

応永三十一年（一四二四）に起草され、延享四年（一七四七）に書写された木村政延家文書によれば、望月信濃入道沙弥良仙は諏訪大明神を小杣治村（塩野村）平尾に勧請し、御神田を寄進、塩野・山上両村で祀るというものである。このことは複数の望月系図にも同様の記述があり、諏訪神社が同地に現存することからも、記述内容と記載の時期・氏名とは史実であろう。即ち、望月氏は応永三十一年の時点で甲賀小杣治村に居住していたと考えられる。

ちなみに木村政延氏は明治中期に初代南杣村村長を務めた人物で佐々木六角氏系の木村成時（沙沙貴神社宮司の家系）が永禄十一年（一五六八）故有って甲賀郡杉谷に住み着いた家である。六角氏情報等が集まっていて不思

（読下し文）
勧請し奉る諏訪大明神御社の敷地ならびに御神田の事
右、御在所は、小杣治村の内の平尾なり。野神より東は、諏訪大明神御敷地の山たるべきなり。野神より前の大道南の打開は、諏訪の御神田として、応永弐拾五年戊戌年より打開きのものなり。神田の四至、東は限る野・南は限る岸・西は限る山の神鳴瀧・北は限る大道。この御神田所当壱石五斗を以って、毎年、七月廿七日に小杣治山上両村の氏人名主百姓等社参仕り、懈怠無く御祭礼を成し奉るべきものなり。後々末代の為に依り、勧請し奉る所件の如し。
応永三拾壱年十一月二日　　望月信濃入道沙弥　　良仙　判
正徳六丙申年迄に三百五年になる。
延享四辛未六月十七日本書破損に付き、写し置く者なり。
望月兵馬兼知（花押）

議のない家系と云える。

また後述の「望月惣左衛門家系図」の記載で見ると少なくともその数代前から室町幕府に出仕していたことが分かり、望月氏は室町幕府の被官として採用されるレベルの甲賀武士であったと云える。

御前落居記録③

杉谷村の地頭職を巡り望月次郎左衛門尉重長と上杉中務少輔持憲が争った裁判の室町幕府事務方の記録である。判決文では正平六年（一三五一）の足利尊氏の御下文と応永四年（一三九七）の足利義満の御判教書により、次郎左衛門尉の主張が正しいとする。即ち甲賀望月氏は室町幕府の初期から甲賀杉谷村の地頭であったことを意味する。

もっと大胆に云えば、室町幕府が出来てから甲賀望月氏が理由もなく採用されたのではなく、南北朝の争乱の中で足利尊氏または佐々木高氏（道誉）に随従して貢献を認められたことで杉谷村の地頭職を得たものと思われる。

南北朝の動乱では、山中氏や小佐治氏といった甲賀武

（足利義教花押）
一、望月次郎左衛門尉重長と上杉中務少輔持憲相論
近江国池原杣庄内椙（杉）谷村地頭の事
重長訴え申す如くんば、
当村《（杉谷村）》に於いては、正平六年の御下文（裏を封ず《（案文）》）
并びに応永四年の御判を帯し当知行の處、
物庄に混じて横領すと云々。
持憲支え申す如くんば、
同十二年御教書案文を以て一圓に領知すと云々。
所詮、各別の地たるの條証文分明の上は、
持憲の違乱を止め、
重長に沙汰し申しつけるべきの由、
御教書を成され訖んぬと

永享三年十一月廿七日　佐兵衛尉　熈基（花押）
加賀守　基貞（花押）

士が足利尊氏や佐々木道譽と共に北朝方で参戦しており、各家には軍忠状が残っている。残念ながら甲賀望月氏の軍忠状は見付かっていないが、「小佐治基氏軍忠状」(29頁)によれば、建武四年(一三三七)に小佐治基氏は杣之河宮(矢川神社)に於いて佐々木道譽軍と合流しており、朝宮に於いて惣大将足利尊氏とも合流している。あくまで推測ではあるが、この時甲賀望月氏は小佐治氏と共に北朝軍として参戦したのではないか。矢川神社は小杣治村・杉谷村共通の氏神でもあり、小佐治村は小杣治村・杉谷村の近隣の村でそもそも軍馬の供給で甲賀望月氏と小佐治氏は繋がっていたと思われるからである。この十四年後の正平六年(一三五一)に甲賀望月氏は杉谷村の地頭職を認められたとすれば時系列的に矛盾がなくなる。

宇治川原保代官職補任状④

嘉吉二年(一四四二)に望月信濃守に出された宇治川原保(現宇川)代官職の補任状(任命書)である。任命者は不詳であるが室町幕府または伊勢神宮の関係者であろう。元々この職は当時の甲賀の有力者山中氏に宛行われていたものであるが、その山中氏に代って甲賀望月氏が任命されたことになり、甲賀望月氏が地位を向上させていることを意味する。

またこの補任が前出の小佐治氏軍忠状にある北朝軍としての出撃(建武四年〈一三三七〉)から百五年後で、杉

(山中與一郎家文書)

補任

　太神宮領近江國甲賀郡内宇治川原保御代官職事

右彼在所者依及守護違乱契約申上者、於自今巳後不可背改動之儀、雖然御年貢等不法懈怠之時者、任法雖為何時代官職之事者可改申候、次所務隨分可為十分一并地下御公事検断等、両方相共可致其沙汰者也、如此申定上者、聊不可背違變之儀、仍所被補任之状如件

　嘉吉二年十二月三日

　　望月信濃守殿

谷村地頭職裁判（永享三年）の十一年後であることに注目したい。即ち甲賀望月氏は足利尊氏、足利義満、足利義教と室町幕府に認められ、さらに足利義勝の時代に宇治川原保代官職を手に入れており、南北朝から室町前期が甲賀望月氏の勢力拡大期であったことが分かる。

「武衛騒動之事　附《つけたり》　畠山之事」の条⑤

『応仁記』の別冊に当たる『応仁別記』はあくまで読み物であって一次資料ではない。しかもこの書物の成立時期は戦国時代の大永年間（一五二一～二七）以降と見られており、記載内容の文正元年（一四六六）からは六十年以上の時間差がある。

しかし望月氏に係る記載の有る部分に関する限りかなり史実を正確に記述しているのではないかと思われる。即ち畠山義就《よしなり》が金剛山に籠ったのに対して、幕府・管領方が管領代細川讃岐守成之以下布陣をしている中に「鵜飼・望月・開（ママ）・長野等ナリ。国司北畠殿モ被立ケリ」と望月氏が近隣の鵜飼氏や伊勢国人衆（関氏・長野氏）や伊勢国司北畠氏と共に近国勢として参陣していることが記されている。

（前略）
寄懸ル公方勢ハ尾張守政長合手ナレハ、不及申、広川ト云所ニ陣ヲ取。惣大将管領代細川讃岐守成之・同兵部太輔勝久・同淡路守成春・同阿波守勝信・同刑部少輔勝吉・山名弾正忠是豊・武田太膳大夫信賢・弟治部少輔国信・鵜飼・望月・開《（ママ）》・長野等也。国司北畠殿勢モ被立ケリ。毎日責事、我モ〱ト思ケル中ニモ、山名弾正是豊ハ備後
（後略）

当時山中氏や岩室氏など多くの甲賀武士が室町幕府の被官となっており、六角氏への被官化と同時併行的に一族で分担して室町幕府の被官にもなる傾向があった。幕府内では将軍の親衛隊である奉公衆となることが多く、甲賀武士たちの評価が高く、一般の奉公衆が将軍の前後

を徒歩で護衛したのに対して「甲賀奉公衆」と呼ばれた一隊は将軍の左右を騎乗で護衛する特別の任務を帯びていたという。

　この金剛山の戦いではたまたま鵜飼氏と望月氏が従軍したものであるが、『望月町誌』ではこの望月氏は信州の望月氏が参陣したものであると主張しているが、この主張は甲賀と伊勢の歴史地図を理解していないことからくる明らかな間違いであり、甲賀望月氏が一四六六年時点で軍事面でも通常兵力としてここまで成長しており、その二十一年後の長享の変で甲賀五十三家と呼ばれるようになるだけの実力基盤が出来上がっていたことを示している。

給恩宛行書状⑥

　文明二年（一四七〇）に望月弥次郎宛て六角氏より出された所領給付に関する文書二通である。六角政勝より竜法師、野田、深川を与えられているが、これは応仁の乱の中で西軍として戦う六角氏の中で望月弥次郎が挙げた軍功に対する論功行賞であろう。また六角行高からの書状は一旦与えた蒲生郡麻生庄を取り消し、代替地とし

（木村政延家文書）

甲賀郡柚庄内龍法師并野田深川事、為給恩充行上者、可致知行之状、如件、

文明弐年正月十九日　（六角政勝）（花押影）

望月弥次郎殿

（木村政延家文書）

（蒲生郡）麻生庄事先日申遣候、仍而為御料所、（伊勢貞宗）伊勢守御代官事候、莵角申候てハ不可然候由、重而自京都申下候、以前如申遣候、高島郡内可然在所、此替地ニ可申付候、先以無子細被去渡候者、可為祝着候、為其以永田右京亮申候、猶巨細伊（貞隆）庭申へく候、恐々謹言、

（文明二年カ）八月廿二日　（六角）行高（花押影）

望月弥次郎殿

て高島郡の土地を準備しているので了解して欲しいというもので、六角氏が望月弥次郎に対して大いに気を使っている。それまではどちらかというと室町幕府での奉公衆の役に集中していた甲賀望月氏が、応仁の乱を機に、武力を見せつけて六角氏の懐に入り込んだと云えよう。

以上、恐らく南北朝の争乱の中で起こったであろうと思われる甲賀望月氏の足利尊氏への臣従が、その後の甲賀望月氏の発展をもたらしたのであろう。尊氏、義満、義教と歴代の将軍から杉谷村地頭職を保証してもらい、幕府の中では奉公衆としての立場を高め、地元では深く広く浸透している。応仁の乱を契機にその武力を評価されて六角氏にも深く取り入り、遂に甲賀五十三家に列せられるまでに成長したのである。

三　甲賀望月氏と各村との関係

小杣路（塩野）村

応永三十一年（一四二四）の信濃入道沙弥良仙の諏訪神社に係る寄進など甲賀望月氏の地元活動が塩野で行われており、その外では系図資料の比率が高いが、甲賀望月氏のもっとも古い時代の居住地と推定されるのがこの小杣路村（塩野村）である。甲賀武士となる以前から居住していた甲賀望月家の中心地である。その後室町時代後期の鈎の陣への参戦と軍功、鵜殿退治参戦、甲賀ゆれによる改易、伏見城籠城戦参加等、甲賀望月氏の本家らしい動きが見られ甲賀望月氏の本家がまず置かれた村であり、その後も甲賀望月氏の中心に居続けた家系である。

杉谷村

足利尊氏、義満、義教の三人の室町将軍から杉谷村地頭職を拝領していた甲賀望月氏であるが、訴訟に勝利した望月次郎左衛門尉重長と、その前の二〜三代も含め杉谷村に居住していた確定的な証拠はない。

しかし、望月惣左衛門家系図にあるように、信濃入道沙弥良仙の先代の段階で望月氏は八ケ所の城に分治していたとされ、「吉棟」が杉谷望月の通称とされることから、杉谷村には塩野村に次ぐ古さで望月氏が進出居住していたのではないかと思われる。

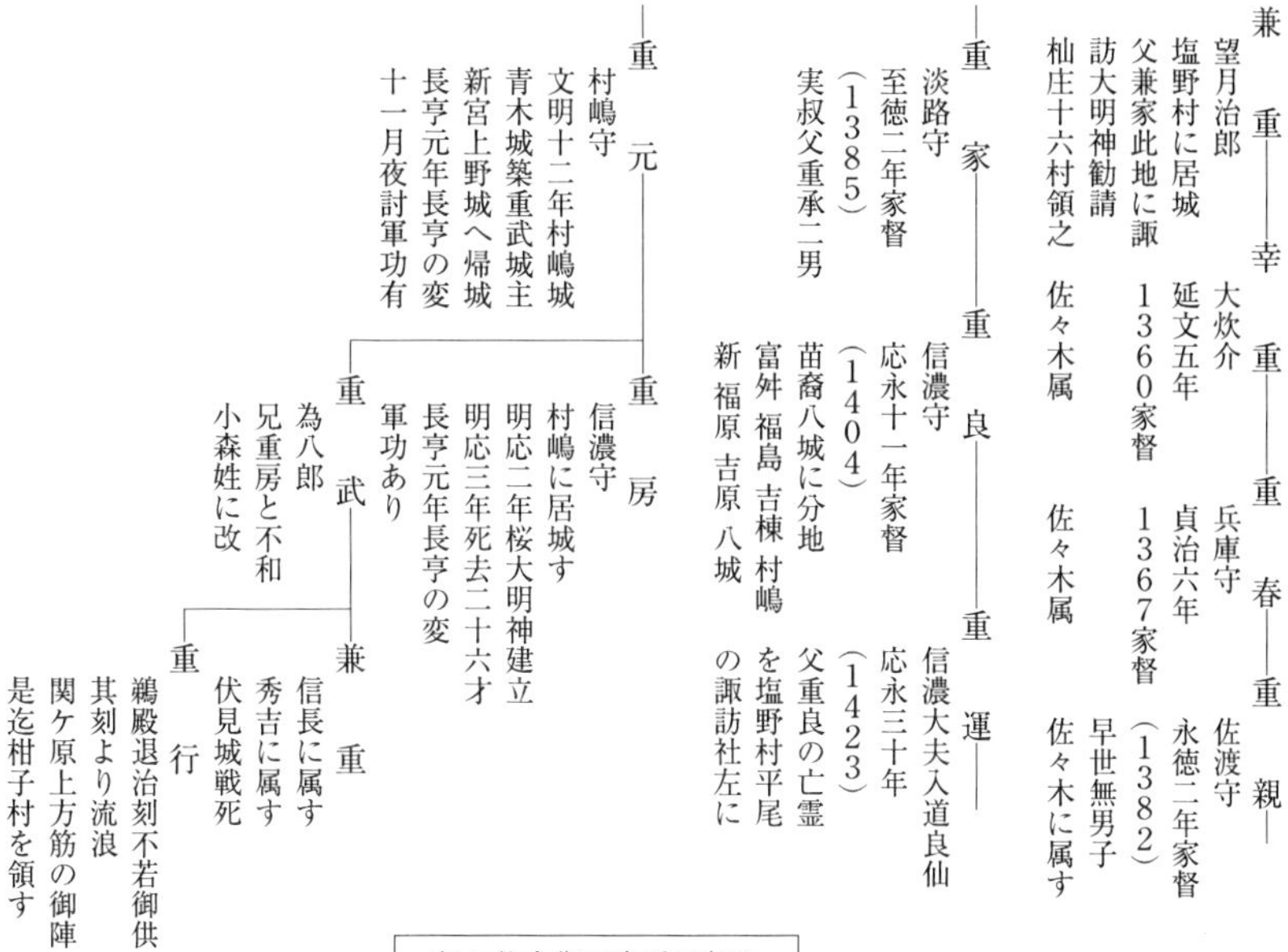

望月惣左衛門家系図部分

従って室町幕府内で奉公衆として活躍したのはこの家系であったのではないか。また後に六角氏が頼った「六角氏杉谷陣屋」や六角氏が滅亡の過程で頼りにした「望月吉棟宛六角義治書状」（木村政延家文書）などが存在することからも、六角氏を最後まで支えようとしたのは杉谷の甲賀望月氏であったかもしれない。そのためであろうか杉谷の甲賀望月氏は伏見城に籠城しておらず、信長へも家康へも接近が遅れた傾向が認められる。尚、戦

今度宿之儀頼入候処、別而入魂難忘候、仍郡内之儀、
織田（信長）可有行之由候而物忩之間、至于伊賀打越候、雖勿
論之儀候、出張之刻必当屋敷江可入城候間、不相易
馳走可為喜悦候、猶高野瀬備前守狛修理亮可申候、
恐々謹言
（永禄十一年）九月十七日　　　義治（花押）
望月古棟殿

望月吉棟宛六角義治書状（木村政延家文書）

国末期杉谷には六角臣下の杉谷氏が居住しており、地頭職も含め杉谷望月氏が杉谷氏とどう折り合いを付けていたのかさらなる研究が必要である。

柑子村

柑子村に関しては塩野村同様幕府や六角氏からの宛行状的なものが存在しない。これはある程度早い時期から甲賀望月氏が自力で進出していたことを意味し、八ケ城の一つ村嶋がここにあり塩野の主家に近い分家があったことを想像させる。この分家は杉谷の分家が発展する中で、その恩恵で幕府にも六角氏にも良好な立場を築けたはずであり、塩野の本家と共に発展していたと思われる。ただ、戦国末期に兄弟の内紛もあって信長や家康との良好な関係を構築するチャンスを逃している。

新宮上野村

八ケ城の一つであった可能性は強く、甲賀望月氏の古くからの拠点の一つであったと思われるが、前項の如く柑子でもめ事があった際、「甲賀望月氏の当時の中心人物望月村嶋」が「新宮上野村へ戻って来た」との記録があり、新宮上野村は「塩野—杉谷—新宮上野—柑子」と続く望月氏発展ベルト地帯の構成要素であった。しかしその後は江戸時代後半の岸和田藩仕官まで大きな動きは見られない。

竜法師村

文明二年六角政勝から望月弥次郎に与えられた村は竜法師、野田、深川であったが、弥次郎がどの村の出身であったか、またどの村に住んだかなどは知られていない。望月出雲守がこの村の出身である証拠もなく、また当村に於ける江戸時代の有力者であった望月本実坊家が中世以来の甲賀望月氏の一統であるかどうかも実は怪しい。

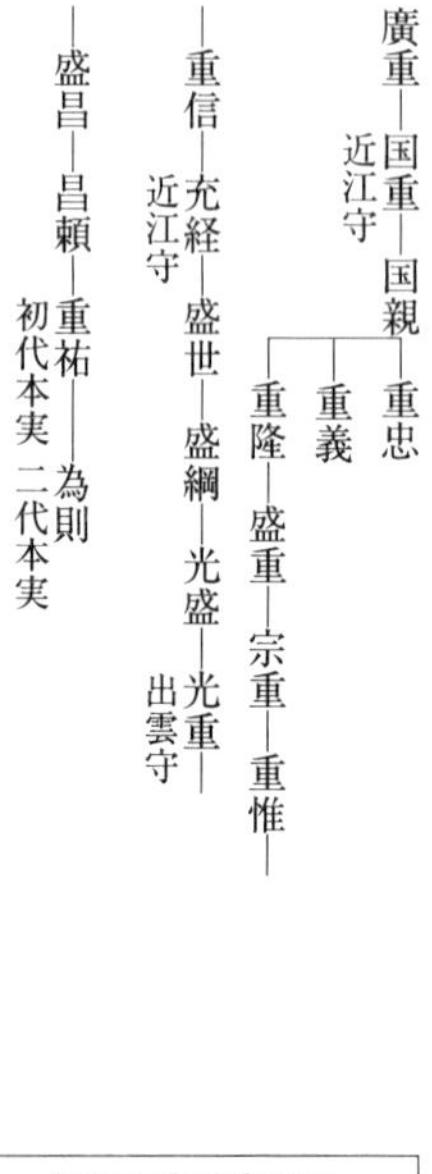

望月本実坊家系図

廣重―国重―国親―重忠
　　　　　　　　　├重義
　　　　　　　　　└重隆―盛重―宗重―（二代）―重惟―
―重信―光経―盛世―光盛―光重―
――昌頼―盛昌―信頼―信永（滅亡）

信州望月家三男系系図

右に示した如く、むしろ望月本実坊家系図の「昌頼」に到るまでの大半は、信州望月氏の本流である「三男系系図」とほぼ同内容であり、望月本実坊家は戦国末期の信州（甲州）望月氏の滅亡した一族又はその系図を持ち出した流浪の落ち着き先が竜法師であった可能性がある。その後江戸期に山伏家として興隆しこの地域を代表する望月家となったものであろう。

野田村

竜法師村同様望月弥次郎からその後の野田村の望月氏に繋がる証拠はいまのところ明確には見つかっていない。それとは別に、湖東三山の一つ西明寺には「戦国末期から江戸時代初期に西明寺を復興した西明寺中興の祖は野田出身の望月友閑である」との記録が息子望月湛清の墓石に刻まれているが、この望月氏に繋がる証拠もいまのところ見当たらない。

江戸時代に入ると野田の約半分は、伏見城での籠城戦に参加した功績で江戸甲賀百人組の与力に採用された望月津之助の所領となった。なお最近田村幹夫により弥次郎から津之助に到る歴史が解明されつつありその成果に期待したい。

深川村

前記の二村と同様、六角氏から望月弥次郎に宛行われたが、元々は鵜飼氏の領地であったもので、どうやら悶着があったのであろうか、この深川村の宛行は数年で取り消されている。その後は望月氏が深川に関わったことはない。

その他の村

郡内宇治川原村や蒲生郡麻生庄を所領としてもらっているが、いずれも長くは続かず、従ってその地に居住した可能性も低い。その後も郡内花園村等を受け取っているが完全支配した様子は見られない。

四　甲賀望月氏の古代と中世

甲賀望月氏はどの時代まで遡れるか

前々節で述べた如く、甲賀望月氏に関する記録は推定を入れても正平六年（一三五一）の足利尊氏御下文までしか遡れない。さらに憶測を加えても建武四年（一三三七）の北朝軍への参戦までである。一方村の文書である系図資料を見ると小杣治村や柑子村ではもう少し遡れるが、近江守の受任や甲賀での広大な所領に関するもの或は甲賀三郎に関する部分を割愛すると信用できるのは望月信濃入道沙弥良仙のせいぜい数代前からで、南北朝時代ないしは頑張っても鎌倉時代後半までであろう。

甲賀牧

一方信州望月の牧で生産された馬はどのように朝廷に献上されていたのか。『望月町誌』から引用させてもらうと下の図のようである。献上は奈良時代ないしそれ以前から行われており、兵馬を管轄する中央役所である左

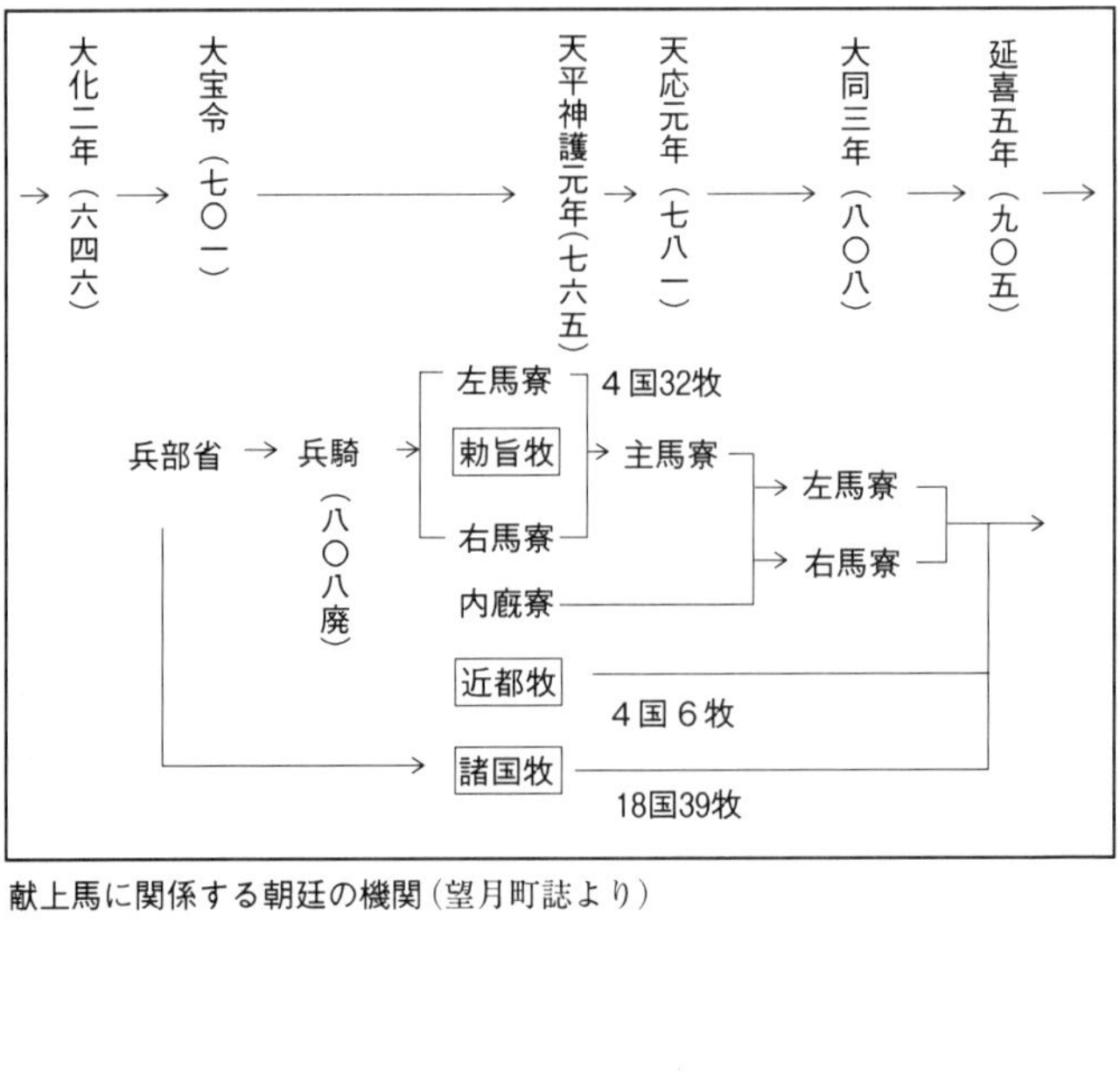

献上馬に関係する朝廷の機関（望月町誌より）

馬寮や右馬寮が出来、近都牧《きんとまき》の制度が整ったのが奈良時代後半の天平神護元年（七六五）である。紫香楽の宮廃止の二十二年後である。

　この時近都牧の四国六牧の一つとして甲賀牧が設置されており、近都牧の性格上奈良の都との近さや便利さが重要であったと思われ、それまで紫香楽の宮で行き来した実績も含め、甲賀牧は現在の信楽町牧の辺りと推定される。近都牧である甲賀牧では平時は都での定期行事での需要に備え、一方では緊急時の戦闘需要に備え、常に馬を調教し健康に保つ飼育が行われていた。それとは別に、信州から送り出された馬たちは実はいきなり都に入るのではなく、東山道（後の中山道）を来た馬は一旦甲賀牧で静養させ都に送り出された可能性もある。

牧夫の居住地

　平安時代の延喜五年（九〇五）には甲賀牧を含む三ケ所の近都牧と望月の牧を含む勅旨牧（御牧）十六ケ所が左馬寮の管轄に再編され、望月の牧と甲賀牧が都で同一役所に所属することになった。

　当然両者の交流が起こったと想像されるが、実は奈良時代の或はそれ以前の甲賀牧ないしはその前身の創設に当たっては、馬を扱う専門技術者を信州から取り分け望月の牧から受け入れていた可能性がある。いずれにせよ望月の牧出身の牧夫が信楽の牧やその周辺に居住する蓋然性があった。

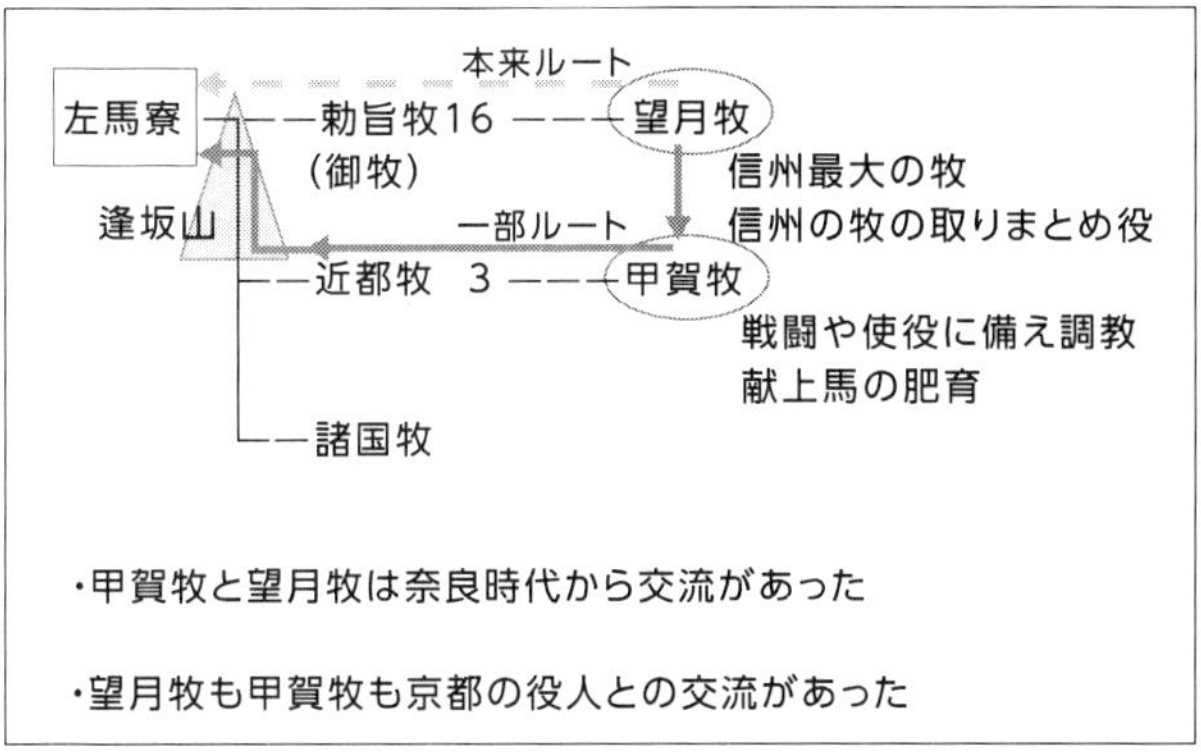

望月の駒の供給ルート

　その後いつの頃からか牧場の仕事はしつつ、牧とは峠を越えた向こう側の東斜面にある小杣路村に住み着くことになったと思われる。小杣路村には「諏訪の番場《ばんば》（馬場）」という地名や「諏訪神社」を始め「塩野」の地名も含め、望月の牧との繋がりや信州との繋がりを思わせるものが多くあり、小杣路村での地位が向上するにつれて、自分たちが望月一族である由緒を主張したのであろう。

五　甲賀武士望月氏の成立

甲賀武士になれたのは誰か

多くの馬を所持していること、その馬を乗りこなせることは彼らの地位を向上させ、その決定的なチャンスが南北朝の争乱の中で「北朝方大将の一人佐々木道誉が矢川神社にやって来る」ことで訪れたのではないか。そこに参加しそれなりの武功を挙げた時、牧夫集団望月組は突然甲賀武士望月氏に地位が向上し、甲賀望月氏が世に出たのである。

雇い主が室町幕府の創設者であるという幸運に恵まれて、室町幕府の内部で甲賀奉公衆としての特別の地位と信頼を得ると共に、甲賀望月氏は領有地域を広め地元での地位を固めていった。武力を背景に六角氏にも認められて被官となり、さらに所領を広めることとなった。これらのことは先に文書類からも確認した通りである。

信州望月氏と甲賀望月氏は直接には繋がらない

前々節からの検討結果をまとめると次の図表のようになる。信州望月氏が何らかの事象をきっかけに甲賀へ移住した形跡は全く見当たらず、一方甲賀で起こっている事象は信州望月氏ではなく、甲賀望月氏による独立事象であることが確認できる。室町時代以降甲賀望月氏の名声が上がるにつれ、信州望月氏の関係者の落人化や諏訪神人化等により個人的に甲賀へ移住した可能性は否定できないが、基本的に両望月氏は繋がらない。

信州望月氏と甲賀望月氏を敢えて繋ぐとすれば、恐らく奈良時代から平安時代を通じて、古代の官営牧場の現場マンとして最高峰にいた信州望月の牧の牧夫と、都への道中にあり都に最も近い近都牧の一つである甲賀牧の間には、必然的にそこで作業をし、時に長期間逗留する或は居住する関係が生じた。この牧夫が中世に乗馬技術を武器として武士となるチャンスを捕え、甲賀望月氏が成立した。

信州望月氏		甲賀望月氏	
1184	大津にて義経軍に敗戦 息子たちを鎌倉へ送り御家人に		信州出身の牧夫の甲賀定住
1333	鎌倉幕府軍として新田軍に敗戦	1337	山中氏、小佐治氏等が北朝軍へ従軍。 望月氏も北朝軍に馬ごと徴用されたか？
1335	中先代の乱で足利尊氏に敗戦	1351	足利尊氏から杉谷村地頭職
1351	観応の擾乱で足利尊氏に敗戦	1397	足利義満から杉谷村地頭職
	武蔵合戦でも足利尊氏に完敗	1431	望月次郎左衛門尉訴訟で上杉氏に勝つ 望月氏本拠：塩野、柑子、新治、杉谷等
室町期	守護小笠原氏に全て敗戦 零細化、落人化、諏訪神人化 室町幕府に出仕できず	1466	応仁の乱前、望月氏将軍方として戦う
1543	武田信玄に敗戦、武田一族となる	1487	長享の変（鈎の陣）で甲賀 53 家へ （甲賀武士 / 望月氏の忍者デビュー戦） 守護六角氏の被官となる
1572	織田・徳川により武田と共に滅亡	1562	鵜殿退治
		1574	杉谷守備に付き望月吉棟宛六角書状
		1600	伏見城籠城戦に望月氏多数参戦
・武士としては弱かった ・時々パラパラ甲賀へ移住した可能性		・甲賀には元々武士望月氏は存在しなかった ・甲賀武士望月氏は甲賀の地で成り上がった	

甲賀望月氏の成立過程

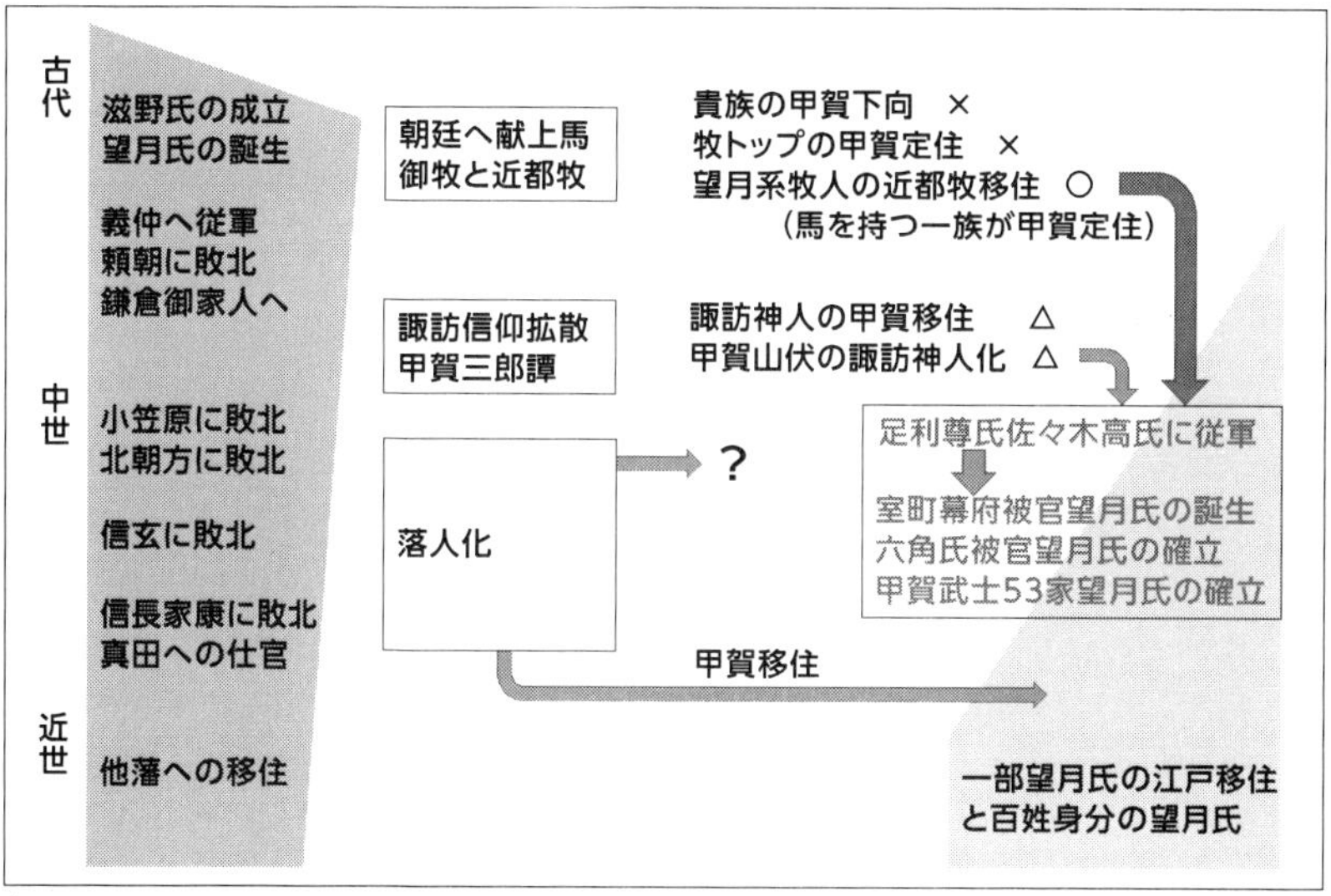

信州望月氏と甲賀望月氏の消長

武士となった甲賀望月氏は内部的には輝ける由緒を求めて近江守や甲賀三郎といった伝承を作り、外部的には望月氏の拠点として信州望月系落人等を受け入れて行った。こうして甲賀はいつしか望月一族全ての者にとって「望月氏の第二の故郷」となったのである。

おわりに

信州望月氏の本家筋と甲賀望月氏の本家筋は全く繋がっておらず、古代の信州から来た牧夫のレベルで初めて信州と甲賀が結び付くことを指摘した。結果として望月氏の輝ける栄光を穢してしまったかも知れない。

しかし冷静に考えればこのような歴史の真実に遭遇する事態は常にあちこちで起こっており、何も望月氏に限ったことではない。

むしろ望月氏の場合の馬のように、中核となる物や技を保有し、それが飯道山や天台宗の地元の動きと南北朝動乱と云う社会全体の流を捕え、見事にテイクオフして見せたのが甲賀望月氏であったと云える。

実はこの次の風を捕え、テイクオフして見せたのが甲賀武士であり甲賀忍者であった。

第二章　「神君甲賀伊賀越え」と甲賀武士

――頑迷な「伊賀越え」信奉者に挑む

はじめに

天正十年（一五八二）六月二日未明、明智光秀の謀叛により織田信長が自刃して果てた本能寺の変が起こったとき、徳川家康は信長幕下の長谷川秀一の案内で堺に居たが、その日は信長に会うため京へ戻る予定で、三十名ばかりの手の者を連れて早朝に堺を出立したという。途中、京都からの急使に出会い信長の突然の死を知ることとなるが、三十名ばかりでは明智光秀軍と戦う訳にも行かず、岡崎目指してひたすら逃げ帰ることを決心したとされる。

堺から岡崎に到る六月二日から五日または六日までの三、四日間の家康一行の逃亡ルートの内、堺から宇治田原山口城経由信楽小川城までと柘植徳永寺から白子浜経由岡崎までは、若干の異説は存在するものの、ほぼ百パーセント確定していると考えてよいであろう。これに対し、信楽小川城から柘植徳永寺に至る間のルートには諸説あって全く確定していない。

実は当時の甲賀郡信楽小川城主多羅尾光俊が家康一行を接遇している史実があるにもかかわらず、家康を助けたのは随行していた服部半蔵と半蔵に呼び出された伊賀衆であったとして、これを「神君伊賀越え」と呼ぶのが従来の通例であった。この場合、その通過地点についてはは伊賀国を通過したとしていくつかのルートと伊賀国内の具体的な地名が挙げられて来たが、柘植以外の伊賀国内の通過地名は根拠となる一次史料が全くなく、とても確定できる状況ではない。

また半蔵と伊賀衆がしたという支援の具体的な内容が嚮導《きょうどう》（導き案内すること）・護衛のほか「お茶を差し上げた」以外に何もなく、きわめて真実性に乏しいと云わざるを得ない。

近年に到るも伊賀越え説は続き、例えば今谷明[1]は石川忠総《ただふさ》の書くものに間違いはなく、これは基本史料であるとして、伊賀越えのルートを忠総の書いた『石川忠総留書』[2]の通りの行程に比定している。

しかし忠総が間違ったことを書いたかもしれぬと云う懸念は一切無視し、忠総の親族筋の者が複数同行していたので、忠総の書いていることは正しいと断定するだけで、彼らが如何にして詳細な地理を知り得て、それがどのように忠総に正確に伝えられたのかについての検証は一切なされていない。

一方「神君伊賀越え」に対して、そうではなく「神君甲賀越え」なのだとする史料は『戸田本三河記』[3]や『寛永諸家系図伝一四七（和田定教家）』[4]など古くから存在する。三百年間以上これらは無視ないし軽視され続けて来たのであるが、近年どうやら「伊賀越え」ではなく、実質的に「甲賀越え」ではないかとの見解が述べられるようになって来た。

柚木俊一郎は一九八七年発表の論考[5]の中で、家康一行の逃走ルートが伊賀武士の勢力範囲であることはあり得なかったとして、前年の天正伊賀の乱終戦後の論功行賞で信長が甲賀武士たちに与えた「元伊賀国だがその当時は甲賀武士領になっていた地域」を通過したのではないかと推論している。具体的には丸柱、玉瀧、小杉等を挙げ、丸柱までは多羅尾領、玉瀧までは山岡・和田領、柘植までは福地領であると示唆している。但し、多羅尾家の記録[6]では信長在世中は二万数千石の領地を安堵されていて、この中に山城領や大和領はあるものの伊賀領は見当たらず、多羅尾家が六万石の伊賀領を手に入れるのは秀吉の時代に秀次に接近した時期である。和田氏についても所領の変遷は必ずしも詳らかでなく、柚木説が正しいかどうかについてはさらに詳細な検討を要する。

藤田達生は『愛知県史研究』[7]の中で家康の生涯を総括し、特に「神君伊賀越え」に関する通説の問題点を指摘し、また『伊賀市史』[8]の中でも甲賀には家康発給の同時代史料が複数存在するのに対して、伊賀には同時代史料が残っていない点で、家康一行は伊賀に比べて甲賀をより多く通過したのではないかと指摘している。しかし伊賀の地名を詳細に述べる『石川忠総留書』の史料価値を認めながら他方で甲賀通過を重視する矛盾がみられる。

服部光一は、これらを踏まえ神君甲賀通過説を紹介しており、[9]信長から拝領した伊賀領を多羅尾家や和田家が保有していたのではないかと見ている。しかし、ここでも信長から甲賀武士への論功行賞としての伊賀領下賜の史料は提示されていない。

そこで、ここでは三つの視点からこの問題を取り上げてみようと思う。第一点は「神君伊賀越え」説の矛盾点をまとめておきたい。第二点は関連史料である『大日本史料』所収文書典籍の再検討である。第三点は当時家康救援に活躍したであろう甲賀武士の検証である。本節は他所で発表した都合でやや論文調になってしまい、少し硬いが是非御目通し戴きたい。これも真実なのである。

一　「神君伊賀越え」は矛盾だらけ

伊賀越えは矛盾点が多い。取り分け「服部半蔵活躍説」は根拠がなく、笑止千万と云えるものである。服部半蔵正成は一五四二年生まれで一五九六年に没しているが、実は父親は服部半蔵保長とも服部正種とも云われていて確定していない。ただ父は家康の祖父松平清康に仕えていたと云われ、早くから岡崎に移住していたため、半蔵正成（以下半蔵）も幼少時からの岡崎育ちか岡崎生まれかである。半蔵は少年期に武将として育てられ、忍びの修業は受けていない。「槍の半蔵」という言葉が残るくらい、半蔵は槍働きに精を出し、戦場での功名を重ねて徳川家直参の八千石の旗本になったと云われている。この過程で伊賀越でも貢献して家康に評価されたというのが俗説である。

この俗説には二通りある。一つは半蔵が元々家康一行に随行していて、急遽伊賀者仲間を呼び集めたというもの、他の一つは半蔵がその時伊賀にいて家康から呼び出されて伊賀者たちをかき集めて家康の下へ駆けつけたとするものである。半蔵が家康に随行していたかどうかは今でも不確かであるが、三十人の中に含まれていた可能性は十分有る。しかし天正伊賀の乱の九ケ月後であるこの時期に半蔵が伊賀に居る必然性は全くなく、随行していなかったのなら岡崎または浜松で留守役をしていたと考えるべきである。

そこで家康に随行していた半蔵がテレビで演じられるように、「お前（の父）は伊賀の出なのだから、なんとかしろ」と家康から命令を受けたとして、半蔵は伊賀者を呼び集められたかを考えてみたい。
イ、先ず半蔵には伊賀は実質生涯で初めての地で地理不案内である。自分では全く案内できない。
ロ、伊賀には知人が全くおらず、頼むべき人が見付からないし、もし居ても連絡の取りようがない。
ハ、前年の天正伊賀の乱で伊賀の主な人物は討死または逃亡ないし隠れており、急には見つからない。
ニ、若し伊賀に「家康が少人数で近くにいる」とのうわさが流れると、一般民衆は「信長憎し」なので落ち武者狩りに出くわす危険性がある。
ホ、伊賀武士の有力者が山口城や小川城へ集合した形跡がなく伊賀者が行路決定に参加していない。

これらすべては「半蔵が伊賀者を呼び寄せた」説を否定している。

このように「服部半蔵活躍説」は根拠がないのになぜかしぶとく巷間に流布することがある。実は今でも「服部半蔵活躍」信仰に毒されたケースがあるので、半蔵ついでに紹介しておきたい。それは名古屋城に関することである。実は尾張徳川藩の本拠である名古屋城は家康存命中の慶長十四年（一六〇九）に計画・着工され、最終的に徳川義直（家康九男）が初代城主として入城したのは元和二年（一六一六）、家康死去の直後であった。他方服部半蔵正成は慶長元年（一五九六）に没している。

つまり名古屋城が本格的に稼働し出す約二十年も前に服部半蔵正成は死去しているのである。にもかかわらず、今日名古屋城を訪れて驚くのは、家康武将隊と共に服部半蔵正成を名乗る忍者と伊賀忍者が城内をうろうろしていることである。

なぜ二十年も前に死んでいて名古屋城とは無関係の人間を、しかもそもそも忍者でないにもかかわらず忍者と詐称して引っ張り出すのか。もっと言えば次章で詳細に述べる如く、尾張藩には甲賀者が忍び役を務めたというれっきとした歴史が証明されている。その史実を無視して何故わざわざ死人をこき使うのか。これは典型的な「風説に毒された」忍者を有り難がる例である。無節操に忍者で稼ごうとする例の一つでもある。

閑話休題。天正伊賀の乱のときのことを考えてみよう。この時織田軍は四つの伊賀国境から攻め込んだと云われている。『信長公記』によると、この時の武将らの配置は次のようである。

甲賀口：甲賀衆、滝川一益、蒲生氏郷、
　丹羽長秀、京極高次、山崎片家、
　多賀眞左衛門、阿閉貞征、阿閉貞大、
　織田信雄
信楽口：堀秀政、永田刑部少輔、進藤賢盛、
　池田景雄、山岡景隆、青地元珍、
　山岡景之、不破彦三、丸岡民部少輔、
　青木玄蕃允、多羅尾光太
加太口：滝川雄利、伊勢衆、織田信包
大和口：筒井順慶、同国衆

甲賀口から進攻した甲賀衆の中には和田氏や山中氏が含まれ、美濃部氏なども参戦した。信楽口では実際は二隊に分かれ御伽峠から堀秀政ほかが出撃し、桜峠から多羅尾・山岡ほかが出撃した。伊賀の城を焼き落としつつ進軍し、多羅尾は手始めに丸柱村の宮田氏城を焼き払ったという。堀隊と多羅尾隊は比自山城で再会合流し、これを攻め落としたという。但し夜間大勢の伊賀衆に逃げられたとも伝わる。

この時丸柱村の宮田氏は、先ず宮田氏城を多羅尾氏に焼かれ、その後逃げた先の比自山城も落とされ討死ないし没落（逃亡）したとみられる。現に明治時代の村による調査によれば、丸柱村の宮田氏は伊賀藤堂藩初期の名簿に名前がなく、行方知れずとなっており、現在村内で宮田を名乗っている連中はにせの名をかたっているものと糾弾している。この例のように、冷静に見れば天正伊賀乱の九ケ月後に伊賀衆が大勢活躍することは困難であったと考えざるを得ない。

もう一つやや基本的なことを確認しておきたい。人は予習することなく初めて訪れた土地で通過する場所の地名を覚えることが出来るだろうかという点である。自動車で助手席に乗せられて人生初めての土地を案内してもらって、通過地名やルートを覚えていないのは良く経験することである。地図なり標識なりを必死に追って運転した当人以外は覚えていることはできないのが普通であろう。

「神君甲賀伊賀越え」における家康一行はこの状態である。むしろ助手席ではなく後部座席、場合によってはマイクロバスに乗せられて山道を走っている状態ではなかったか。逃亡と云う緊急時に地名をメモするような人

間はいないはずで、この状態で誰が通過地名を覚えていて、後に云い当てることが出来るだろうか。岡崎・浜松・駿府と場所と時を経て、江戸時代になり、それも三十年も四十年も経った頃、誰が正確な地名を云えようか。全く無理である。実際に案内した多羅尾光太と協力した地元の数人から数十人のいわば運転手役の者達以外は通過地名を云えないはずである。これを江戸で誰かが云ったとしたらそれはウソ以外の何物でもない。そして実父や義兄や朋輩が何人いようとも役に立てないのである。ゼロを何人集めてもゼロだからである。

では多羅尾光太がこの逃亡ルートや地名を発表する機会はなかったのか。彼は意図的に公表を避けたのではないかと考える。理由は二つある。

先ずは家康との約束である。家康もこまごまと情報が外部に流れるのを好まなかったはずで、共謀して真実を闇に葬ったのでは無いか。或はウソを言いふらして情報混乱を図ったかもしれない。これは甲賀武士としての仕事を請け負う時のたしなみとも云える。

二番目の理由は秀吉との関係である。三年後の甲賀ゆれで窮乏しかけていた多羅尾氏が生き返ったのは浅野氏および秀次との関係のお陰である。豊臣政権下で最大八万石にまで拡大してゆくが、その時家康には二男光雅を預けていたので秀吉から疑われるような多羅尾—家康関係をこれ以上露出したくなかったであろう。甲賀伊賀越えの真実はひたすら隠す必要があったのではないか。この結果小川城—柘植間のルートと通過地名は見事に闇に消えたのであった。

二　『大日本史料』所収文書・典籍の再検討

従来よりもう少し幅広くこの事件にかかわった甲賀武士・伊賀武士たちを見るため、「神君伊賀越え」関連資料としてまとめられている『大日本史料』所収の文書類を採り上げて再検討を行った。少々煩わしいが付き合っていただきたい。

地名などの情報の少ない史料

一般的に、歴史上の事件の現場にいた当事者による正確な記録が残されるケースは少なく、関係者か第三者が書いたものが残されていれば良い方で、それさえ残されていないことも多い。まして、事件から五十年以上過ぎて書かれたものは一次情報ではあり得なく、幾重もの潤色（書き手に都合よく書き改めること）が加えられている可能性が高い。そこで当然のこととして歴史家の間で、その書かれたものが信頼できる史料かどうかが繰り返し議論されてきた。

「神君甲賀伊賀越え」に関しても、『大日本史料』第十一編天正十年六月四日の項に所収されている穴山梅雪関係を除く五十四件余の文書類について明治以来幾度も史料批判が行われ、研究者毎に二、三件から十件弱の文書類が、比較的信頼できる史料であるとされてきた。史料批判の結果、信頼できるとされた文書類には何らかの情報が記載されており、研究者は書かれてあった「批判に耐える」情報同士をつないで歴史を再構築する。

一方研究者にとって欲しい情報が記載されていない文書類があると、当該研究者はその文書類を「その他文書」として片隅に放置する。

その結果、この場合四十五件以上の「その他文書」が存在することになり、これらの多くは史料として顧みられず、歴史を再構築する時に用いられることもなかった。例えばこれらの中に同時代に近い史料があっても、地名が書かれていないので役に立たないとされてきたのである。

しかし、地名が書かれていないこと自体が歴史的な価値であって、それは「誰も覚えていなかった」もしくは「誰も知り得なかった」ことを示している重要情報であり、貴重な同時代史料に位置づけるべきものと捉えるべきである。本件について歴史研究家達にはこの視点が全く欠落していたのである。

文書類の抜き書きと整理

『大日本史料』天正十年六月四日の項に所収されている五十四件の文書類を読み、書名、編著者名、成立時期の外に、(イ)本文中のルート名（「伊賀路」または「伊賀越」の用語が用いられているか、或は「伊勢路」「奈良路」「甲賀路」など別の表現があるかどうか、はたまたこのような通過行路に関する記述が一切ないか）、(ロ)本文中の経由地名（宇治田原または信楽と鹿伏兎または柘植の中間に相当する甲賀または伊賀の地名が出て来るかどうか）を調べ、一覧表を作成した。成立年代について

表１　甲賀伊賀越に関するルート名称と具体的地名

	文書、典籍	成立時期	ルート名称	具体的地名等
①	古文書　和田八郎宛て 徳川家康起請文写	1582.6.12 天正10年		
②	日本耶蘇会年報	1582～84年報		
③	家忠日記	1600（伏見城） 慶長５年家忠戦死	伊勢地を御退き	岡崎江越候、家康いか伊勢地を御退き候て
④	天正日記	1608 慶長13年		
⑤	「木俣土佐」紀年自記 木俣守勝	1610以前 慶長15年没	伊賀越	伊賀山中路次の案内
⑥	原本信長記　坤	1613以前 慶長18	宇治田原越	宇治田原越にてのかせられ候
⑦	川角太閤記　一之上	1615 元和１	伊賀越を伊勢江、	
⑧	当代記	1624～1644 寛永年間	大和路へかかり	高田の城へ被寄
⑨	茶屋由緒書	1624 寛永元年　原本成立？	伊賀路	
⑩	三河物語	1626～32 寛永３～９年	伊賀の国へ懸る	
⑪	御庫本三河記　下	1626 寛永３年	伊賀路	江州信楽、時に多羅尾四郎兵衛并郷民等出合御案内仕り
⑫	戸田本三河記　地 家康公御帰国事	1626 寛永３年	甲賀越	江州信楽まで著せ給ふ、信楽の多羅尾四郎兵衛父子、我が館を明け渡し、家康公喜ばせ給ひ多羅尾が館へ入
⑬	石川忠総留書　乾	1641 寛永18年（寛永書上時）	伊賀路	宇治田原の近所山口所、それより信楽へ御出多羅尾所へ、多羅尾を御出候て辻堂にお休候、勢州神戸にお着候
⑭	石川忠総留書　坤	1641 寛永18年（寛永書上時）	伊賀路御通り	宇治田原、山田村、朝宮、信楽小川村、多羅尾道賀所に御一宿、向山、丸柱、柘植、石川、河合、鹿伏兎、地蔵迄御案内
⑮	寛永諸家系図伝　009 酒井忠次	1641 寛永18年	伊賀路を経て	信楽の山中を経て、伊勢の白子にいで、
⑯	寛永諸家系図伝　068 山口藤左衛門光廣	1641 寛永18年		宇治田原、近江国信楽小川に至る
⑰	寛永諸家系図伝　088 本多忠勝	1641 寛永18年		
⑱	寛永諸家系図伝　114 多羅尾四郎兵衛光俊	1641 寛永18年	伊賀路	信楽、柘植
⑲	寛永諸家系図伝　147 和田八郎定数	1641 寛永18年	甲賀の山路を経て	甲賀の山路を経て大権現これを感美し給ひて誓状を賜る、今にあり
⑳	井伊家譜　1	1644 正保元年	間道を経て	宇治田原に於て山口甚介、信楽に於て多羅尾四郎兵衛
㉑	呉服師由緒書 比鷲見栄任	1651～80 ４代家綱時代	伊賀越	江州信楽へ罷下り御供仕候
㉒	続本朝通鑑　211	1670 寛文10年	伊賀路	信楽に到り、多羅尾氏之を迎奉る、神君多羅尾家に宿、
㉓	永日記	1671以前	伊賀越	信楽へ御越候多羅尾門を開き御一宿あるべしと云々、隣郷は甲村といふ、此度の恩は御忘れ被成まじとて一筆を被下
㉔	譜牒余録　50 永井萬之丞	1683～84 天和３～貞享１	伊賀路	宇治田原へ御出、信楽へ被成御著候、加太近所迄多羅尾御供仕候権現様江加太少も御馳走不申上云々
㉕	譜牒余録後編　16 山口藤左衛門	1683～84 天和３～貞享１	伊賀越に御掛り	宇治田原、江州信楽小川村に御一宿被遊、柘植村、加太村御通り
㉖	譜牒余録後編　22 山岡美作守景隆	1683～84 天和３～貞享１		信楽伊賀之堺土岐峠迄御供仕
㉗	譜牒余録後編　23 柘植三之丞	1683～84 天和３～貞享１	奈良越	伊賀国下柘植村、勢州関之地蔵の少前、鹿伏兎申在所迄御供仕、云々

㉘	本多家武功聞書 本多日向守忠勝	1695 元禄８年	伊賀通 伊賀越	宇治田原、信楽谷多羅尾久右衛門方に御一宿被遊候､伊賀の佐那具と申所迄御供仕参り候、柘植
㉙	伊賀国誌　中 丸山城址	1699 元禄12年		天正十年六月、家康丸柱村宮田三郎の家に憩ふ、伊勢の国堺に至る、
㉚	武辺雑談　乾	1705 以後 宝永２年～	伊賀越	
㉛	老人雑話　坤 江村専斎(1565～1664)	1708以前	伊賀越	
㉜	伊賀者由緒 並御陣御供書付	1726 享保11年	伊賀路山越 伊賀路	かぶと山ご案内仕、上服部勘六、仲服部仲、下服部半蔵申者伊賀路山越ご案内仕云々
㉝	武徳編年集成　21	1740 寛保元年		宇治､丸柱宮内が館ニテ云々､波多野､高見峠､伊賀境音聞峠、鹿伏兎越を過させ給ひ、鹿伏兎の駅に御止宿あり
㉞	姫陽秘鑑　32	1748～1753 寛延年中		
㉟	姫陽秘鑑　4 系譜四脩廣君(酒井重忠)	1748～1753 寛延年中	伊賀を経て 江州信楽に	伊賀を経て、江州信楽に至り給う、時に多羅尾四郎兵衛并郷民等出合云々
㊱	神祖泉堺記事	1750頃か？	山城路より 近江伊賀に	曾塚の渡り宇治橋１里９丁上、石山寺、信楽波多野、高見峠、伊賀上柘植、鹿伏兎越、丸柱宮内といふ者の館に泊る
㊲	伊賀者由緒書	1761 宝暦11	伊賀越	伊賀国鹿伏兎山越
㊳	蓑笠之助伝	1771以降	伊賀越	伊賀名張の城主服部出羽守保章は服部兵太夫の一族服部平太夫を改め、蓑笠之助
㊴	寛政重修諸家譜　59 酒井重忠	1799 寛政11　書上提出	大和路 伊賀路	
㊵	寛政重修諸家譜　100 榊原康政	1799 寛政11　書上提出	伊賀路	
㊶	寛政重修諸家譜　511 高力清長	1799 寛政11　書上提出	伊賀路を越え	
㊷	寛政重修諸家譜　567 山口籐左衛門光廣	1799 寛政11　書上提出	伊賀路	宇治田原に向かはせ給ふ、近江国信楽の小川村に参らせ給ふ､其夜は小川村に御宿陣あり、鹿伏兎
㊸	寛政重修諸家譜　619 永井	1799 寛政11　書上提出	伊賀伊勢を経て	
㊹	寛政重修諸家譜　681 本多忠勝	1799 寛政11　書上提出	大和路 伊賀路	近江国紫香楽に赴かせ給う、
㊺	寛政重修諸家譜　760 井伊直政	1799 寛政11　書上提出		
㊻	寛政重修諸家譜　1147 伴盛兼	1799 寛政11　書上提出	伊賀路	
㊼	寛政重修諸家譜　1168 服部半蔵正成	1799 寛政11　書上提出	伊賀路	十年六月和泉の堺より伊賀路を渡御の時従ひ奉り、伊賀は正成の本国たるにより、仰を受賜りて嚮導し奉る
㊽	寛政重修諸家譜　1172 服部小平太保次	1799 寛政11　書上提出	伊賀路	
㊾	寛政重修諸家譜　1221 蓑笠之助	1799 寛政11　書上提出	伊賀路	
㊿	寛政重修諸家譜　1256 上林久茂	1799 寛政11　書上提出		
51	勢陽五鈴遺響 四日市	1833 天保３年	伊賀路	
52	御年譜微考　6	1837 天保８年	伊賀越､ 伊賀路	宇治へ御出有､信楽に送付奉る､三日､暁天に､多羅尾父子御供申して、甲（加太）越に懸り
53	林鐘談　乾	1845 弘化２年	伊賀越	信楽迄送申、於登岐峠を越給ふ、佐那具へ、柘植、伊賀伊勢の堺大光寺村の坂まで御供申
54	角屋由緒 角屋七郎次郎	1896以前	伊賀街道	東照宮様堺より江州多羅尾江御旅館、従多羅尾伊賀街道、鹿伏兎村より、勢州関之川原伝ひ、神戸に御著座被為遊候、

『大日本史料』天正 10 年６月４日の項より

は自分は専門家ではないので若干確定し難いものもあったが、十〜二十年程度の誤差は許容する荒っぽさで推定して西暦年を打ち込んだ。この一覧表を成立年の順に並べ替えて原簿とし、さらに簡略化したものが表1である。

「伊賀路」または「伊賀越」の意味の変遷

表1で事件後最初の約五十年間（⑫迄）を見ると、ルートの名称については触れていないものと伊賀以外のルート名を挙げるもの（無色）が半数以上で、「伊賀路」または「伊賀越」を用いるもの（網掛け）は決して圧倒的多数派ではない。このことは何を意味するのであろうか。二つのことが云える。

第一には、当時は「伊賀国を通った」との認識は一般化しておらず、当事者も関係者も第三者もそれぞれが自分の知識や感触で、「大和の辺り」「甲賀の辺り」「伊勢の辺り」「伊賀の辺り」と云っているのであって、これはルートを正確に断定できるだけの裏付けを日本中の誰一人持っていなかったということを意味する。

第二には、この時期の「伊賀路」や「伊賀越」は、あくまで「伊賀の辺り」を意味する言葉であって、別の言い方をすれば京都経由や日本海側や太平洋側の海岸通りでなく、地理地形学的な意味での「伊賀谷」「伊賀峡谷」を通ることを意味した。この「伊賀谷」や「伊賀峡谷」は伊賀のほかに河内、山城、大和、甲賀（近江）、伊勢等を含み、「伊賀路」や「伊賀越」は決して「伊賀国を通過した」と同義語ではなかったのである。

ところが、一六四〇年頃から「伊賀路」「伊賀越」の比率が増え、しかもその多くが「伊賀国を通過した」意味で用いられていることが見て取れる。特に英雄譚的書物や、伊賀系の文書にその傾向が顕著に認められる。事件から五十〜六十年程度は事件の関係者が生存している可能性のある期間（因みに多羅尾光俊は九十六才で一六〇九年歿、多羅尾光太も九十六才で一六四七年歿と想定される）で、一六四〇年以後とは事件の生き証人がほとんど居なくなった後で、本来二次史料・三次史料にしかならないものであるが、そのなかで「伊賀国を通過した」意味での「伊賀越」が増えるという不思議な現象が見られる。

小川城〜柘植間の地名について

表1を見ると、前項と同様に、事件から最初の約五十数年間「宇治田原」「信楽小川」「柘植」以外の地名が一切登場していないことが分かる。即ち事件の当事者なり関係者の間では宇治田原の山口氏、信楽小川の多羅尾氏、柘植の福地氏または柘植氏に世話になったという以外、途中の通過地名は一切分からない（誰も記録していない、覚えていない、追跡していない）ものとして確定していたのである。我々はこのことを重大な事実として受け入れなければならない。

ところが、事件から五十年以上経って書かれた『石川忠総留書』において、区間距離入りで詳細な地名と「伊賀国内通過ルート」が紹介され、それ以後多くの文書がこの影響を受けることになった。多羅尾光太のような信頼できる生存者誰それから聞き取ったというのならまだしも、逆に生存者がほとんど居なくなった後に、通過地名やルート名が突如湧き出てきて詳細かつ具体的に語れるという、異常な現象の先導役をここで『石川忠総留書』が担ったのである。当事者や直接の関係者が誰も通過地名を特定できず、誰一人生存中に発表できなかった通過地名を、どうしたら事件の年天正十年（一五八二）に生まれたばかりで現場に居なかった後世の第三者が書き出すことができたのであろうか。

『石川忠総留書』の史料批判―著者の家系について

著者の石川忠総は一五八二年生まれで事件の時は満零才である。大久保忠隣の実子で、長じて石川家成の養子となり、家成の長男康通の死去に伴い石川家を家督相続した。『石川忠総留書』の中では大久保忠隣、石川康通共に「甲賀伊賀越え」に同行したとされ、「実父と義兄が共に体験者なのだからその家族である忠総の書いたものは信用できる」と何の根拠もなく云われてきた。では両親が関係者なら息子は親が発表し得なかった事を書いても全て正しいといえるのか。

例えば、万一忠隣なり康通の自筆署名入りの同時代文書が残されていて、そこに伊賀の地名が詳細に書き残されておれば、未知の土地をいきなり連れ回されてどうして通過地名を覚えて居られたのだろうかという根源的な疑問は残るものの、それでも上記の判断はまだしも納得もできよう。しかし『寛永諸家系図伝』（以下『寛永譜』

という）での大久保、石川両家の系図中には伊賀の地名はおろか両人の「甲賀伊賀越え」への参加さえも全く記載されていないのである。幕府の公式文書である『寛永譜』で大久保、石川両家が認めていない逃走事件参加を、自身の私的刊行物である『石川忠総留書』に勝手に記述しておいて、その上それまで凡そ六十年間誰一人言及し得なかった伊賀の地名を通過地として詳細に発表したのである。誰が見ても異常である。

石川忠総のキャリアについて

忠総は若い時、家康や秀忠の近くで小姓として仕えていたが、石川を名乗るようになってからは、実父忠隣が家康の勘気を蒙って蟄居したことも影響して中央から放逐され、美濃国大垣藩主を振り出しに豊後国日田藩主、下総国佐倉藩主、近江国膳所藩主と専ら地方の藩主を勤めている。

ではこのような転々としたキャリアの中で、参勤の江戸詰め時期も含め、忠総はどこで「甲賀伊賀越え」に関する情報を入手したのであろうか。先ず、人生初めての地に予習なく遭遇した場合、地元の人間のみが案内可能で、家康や江戸の人間は基本的に事件の時の「お客さん」であって逃走途中の地名を知り得ず、せいぜい世話になった幾人かの名前を覚えることしかできなかったはずである。ましてその他大勢でしかなかった大久保忠隣や石川康通は相手と挨拶する機会もなく相手の名前を聞く事さえなかった可能性が高い。江戸は情報源たり得ないのである。従って江戸の人間は忠総に何も教えることはできなかった。また地方に転封中は、かかる情報には一切アクセスできる状況になかったと思われる。

石川忠総の膳所藩主就任と石川家寛永書上について

但し、最後の任地膳所は別である。膳所藩の南側は宇治田原に接し、東側は近江国の栗太郡・甲賀郡、そして南東方向には元四千六百石（現千五百石）の多羅尾（代官）領の向こうに伊賀国が存在し、忠総にとっては「神君甲賀伊賀越え」の現場に居る感覚であった可能性がある。

そんな時、『寛永譜』刊行の国家事業が始まり、大名や有力旗本は幕府から資料提出を求められ（寛永の書上）、石川家としても改めて「我が家の由緒の正しさや

表2　石川忠総を廻る歴史事項

西暦	和 暦	徳川将軍	大久保家	石川家	忠総役職	多羅尾家	事　件・その他
1580	天正８		忠隣	康通家督			
1581	天正９					伊賀出撃	天正伊賀乱
1582	天正10	逃亡劇	同行？	同行？	（誕生）	光俊小川城	本能寺の変、神君甲賀伊賀越
				大垣城主			
1596	慶長元				忠総襲名		
1598	慶長３				家康に仕		
1600	慶長５		石川忠総		小姓組頭	光太代官	関ヶ原の合戦
1603	慶長８	家康			主殿頭		徳川幕府成立
1605	慶長10	秀忠					将軍職譲位
1607	慶長12			康通歿			石川の義兄死去
1609	慶長14			忠総家督	大垣城主	（光俊歿）	
1614	慶長19		勘気を蒙	大坂参陣	一時閉居		大坂冬の陣
1615	慶長20		大坂参陣	大坂参陣			大坂夏の陣
1616	元和２	（家康歿）			日田城主		家康歿
1623	元和９	家光					秀忠歿、家光継承
1629	寛永６					光好代官	
1631	寛永８						「留書」中に寛永８年の記事あり
1633	寛永10				佐倉城主		
1634	寛永11				膳所城主		
1640							
1641	寛永18		寛永系図	寛永系図		寛永系図	寛永書上げ、『石川忠総留書』 刊行？
1643	寛永20						「寛永諸家系図伝」 完成
1647	正保４					（光太歿）	
1650	慶安３				忠総歿		
1651	慶安４	家綱		憲之家督			家光歿、家綱継承
1667	寛文７					光好解任	多羅尾氏代官解任、閉門
1674	延宝２					（光好歿）	光忠家督
1675	延宝３					光忠代官	多羅尾氏代官復帰、閉門解除
1680	延宝８	綱吉					家綱没、綱吉継承
1685	貞享２					光忠解任	多羅尾氏代官解任、閉門
1686	貞享３					閉門解除	宝永３年(1706)光忠代官再任

徳川家への貢献の大きさ」を書き残す必要性を感じたであろう。忠総が石川家の家督を相続したのは一六〇九年で膳所藩主となった一六三四年迄にはすでに四半世紀を経過し、忠総は石川家の大黒柱である。書上はそれからさらに数年を経た時のことである。

この時義兄康通の活躍を具体的に書き上げるため、江戸には地名や距離を知る人は誰一人居ないので、膳所から近隣へ調査団を派遣したのであろう。結果は当然藩主である忠総の意向を戴して石川家の書上中に膳所で取りまとめられ、江戸藩邸経由で幕府へ提出されたはずである。しかし何らかの理由で公式の『寛永譜』に義兄康通の「甲賀伊賀越え」参加を書き残すことが出来ず、その後、調査の結果を他の歴史メモと共に『石川忠総留書』として私的に発表したのであろう。

過小評価された多羅尾家の活躍について

『寛永譜』中の多羅尾家自体の系図において、多羅尾家は家康への貢献をさらりと述べるに留めているが、『石川忠総留書』では多羅尾家の活躍をことさらに過小評価して書く傾向が認められる。実は多羅尾家に関する記述自体は量的に増えているが、それ以外の特に伊賀に於ける事象を数倍書くことで多羅尾家の活躍の印象を押し殺している。否定しようのない事実を、他を褒めあげることで相対的に矮小化する手法が用いられているのである。

多羅尾家の貢献としては、迎えに出たこと、宿舎を提供したこと、食事を提供したこと、夜間の警護を行ったこと等を単なる一介の宿屋の如くに一通り述べているが、支援内容の質的面でより大切な他の甲賀武士の動き、多羅尾の息子たちの動き、兵馬や食糧調達、行路の安全確保、さらには翌日の同行の様子などの記述を避けている。実は寛永書上の時点では、多羅尾光太が九十才近くながら、事件の当事者の恐らく唯一の証人として、膳所から馬で二時間の距離にまだ生存しており、その気になれば詳しく取材できたはずである。

しかし、『石川忠総留書』には光太に取材したことは一切記載されておらず、上述のような記事内容の偏りからは、故意に取材を避けたか、または取材したとしても取材内容を故意に都合よく編集した可能性が高い。

さらにその上、小川から数㎞先の丸柱村で疑惑の宮田氏を登場させ、その先の伊賀国内の地名を里程入りで紹介し、読者の関心を多羅尾から伊賀へ転じさせている。今まで知られていなかった伊賀の地名を詳細に打ち出して、伊賀をこの通り通った、神君が通過したのは伊賀国だと印象付けたことで、多羅尾家の貢献は吹っ飛んでしまったのである。

百歩を譲って、仮に家康一行が甲賀武士たちに護られて甲賀信楽の神山村から桜峠を越えて伊賀国丸柱村に入ったとして、わずか九ケ月前の天正伊賀の乱で織田軍の尖峰として丸柱村を焼き討ちし戦勝した多羅尾・山岡・和田・山中等の武将の前に、丸柱の自城を焼かれ比自山城で負けて全滅した宮田氏の残党が出て来ることなどあり得ないことである。そのあり得ない宮田氏の湯茶接待をあえて書いた忠総の真意は多羅尾氏の貢献を少しでも減らすことであったと云えよう。

膳所藩と多羅尾代官家の関係について

では、なぜそのようなことが起こったのか。石川忠総が多羅尾氏の隣接地の膳所藩に三万石の菅沼氏に代わって七万石の城主としてやって来て十年弱、領地拡大時の隣接地との軋轢や譜代の忠総に対して本来外様の多羅尾の態度の大きさに我慢しかねたこともあったであろう。少なくとも『寛永譜』に於いて外様の多羅尾家が家康支援の事実を記載して家康に対する貢献をアピールできたのに対して、譜代の石川家が家康支援を謳うことが出来なかった無念さがあったはずである。また隣同士には何かともめ事が存在したはずで、この点は今後の研究に待ちたい。

実は、約二十年後の寛文七年（一六六七）多羅尾氏は些細な口実（私曲）で、代官を解任され、閉門させられている。数年後に代官職、家門ともに見事に復帰しているが、誰かが中傷したのであろう。

『石川忠総留書』の史料価値について

石川忠総は本件史実を知り得る立場に居らず、多羅尾光太に取材しておらず、他にも疑ってみるべき条件が放置されている。従来の検討があまりにずさんであった反省の意味を込めて、『石川忠総留書』は「神君甲賀伊賀越え」に関する限り、現時点では全く信用できないと断定する。

即ち『石川忠総留書』はゼロベースに戻して再評価す

ればよいのではなく、マイナスレベルから見直すべき史料であり、少なくとも『石川忠総留書』を史料として使用しようとする者は自身で十二分な史料批判をした上で採用する必要がある。さらに、『石川忠総留書』が史料として採用できないとしたとき、五十四件の史料全体を既述の如く冷静に見直す時が来たと指摘したい。

三　甲賀武士たちの「神君甲賀伊賀越え」への貢献

関係者の主張と世間の認識

「神君甲賀伊賀越え」を支援したとの関係者の主張ぶりを公式系図の記載から眺めたのが表3である。その前後に世間がどう云っているかを『大日本史料』所収の文書の範囲でまとめた。

美濃部、武島以外の甲賀の各氏が公式文書である『寛永譜』において、それぞれ複数人の貢献の事実を記述しているのに対し、伊賀の場合は少ない。『寛政重修諸家譜』（以下『寛政譜』と云う）の段階では種々の加筆潤色があって必ずしも事実を反映していない可能性が高いのに対して、『寛永譜』の一六四〇年頃には未だ歴史の事実をそのまま素直に系図に書く傾向 が認められる。そのように考えると、甲賀の山口、多羅尾、山岡、和田がそれぞれ複数の貢献者を出していることが確認出来るのに対し、伊賀は柘植米地、服部仲、服部貞信の三名のみしか確認出来ないことになる。

また、寛永以前の文書等での支援者氏名の言及は甲賀武士にしかなく、極言すれば、寛永以前に於いて世間は本件での伊賀武士の貢献をほとんど認めていなかったことになる。

山口氏

山口甚助一家の活躍は、『寛永譜』に記述があるのみならず、『原本信長記』にも記載されており、家康一行の宇治田原山口城への立寄りの事実と城主山口甚助長政と養子山口藤左衛門光広による「甲賀伊賀越え」支援の事実は間違いない。

天正十年六月三日宇治田原の山口城において家康一行を受け入れ休憩させると共に、次の目的地である小川城の多羅尾光俊への連絡や、山岡氏、和田氏、その他甲賀

表３　家康逃走劇において同行又は支援したとの記述

地域	氏　　名	寛永譜以前	寛永諸	寛政譜以前	寛政譜	備　　考
江戸	大久保忠隣		×	石川忠総留書、神祖泉堺記事、武徳編年集成	×	忠総実父
	石川康通		×	石川忠総留書、神祖泉堺記事、武徳編年集成	×	忠総義兄
甲賀	山口甚助長政		記述あり	井伊家譜、譜牒余録	×	光廣養父
	山口藤左衛門光廣	原本信長記（宇治田原越）	記述あり	符牒余録、本多家武功聞書、姫陽秘鑑、神祖泉堺記事、武徳編年集成	記述あり	長政養子 実多羅尾光俊六男
	多羅尾光俊	御庫本三河記、戸田本三河記	記述あり	井伊家譜、符牒余録、永日記、酒井系図（信楽の山中）、本多忠勝系図、続本朝通鑑、本多家武功聞書、姫陽秘鑑	記述あり	
	多羅尾光太	戸田本三河記	×	永日記、本多家武功聞書、御年譜備考	記述あり	光俊次男
	多羅尾光雅		×	尾張藩藩士名寄に記述	記述あり	光俊三男
	山岡景隆		記述あり	符牒余録、続本朝通鑑、神祖泉堺記事、武徳編年集成	記述あり	山岡美作守景之系
	山岡景佐		記述あり	符牒余録、続本朝通関、神祖泉堺記事、武徳編年集成	記述あり	景隆次弟
	山岡景民		記述あり		記述あり	山岡長門守系
	山岡景定		記述あり		記述あり	
	和田定教	（家康起請文）	記述あり	神祖泉堺記事、武徳編年集成	記述あり	和田惟政甥
	和田惟長		×		記述あり	和田惟政息
	美濃部茂濃		×	神祖泉堺記事	記述あり	
	武嶋茂幸		×	神祖泉境記事	記述あり	
伊賀	柘植三之丞清広		×	符牒余録、伊賀者由緒書、神祖泉堺記事	記述あり	宗家二男
	柘植甚八郎宗吉		×		記述あり	宗家三男
	柘植米地政次		記述あり	神祖泉堺記事、武徳編年集成	記述あり	在米地複姓？
	服部半蔵正成		×	石川忠総留書、伊賀者由緒、伊賀者由緒書、武徳編年集成	記述あり	保長息 生国三河
	服部小平太保次		記述あり	伊賀者由緒	記述あり	服部仲（中） 天正十五年没
	服部市郎右衛門保英		×		記述あり	保俊息
	服部貞信		記述あり	神祖泉堺記事、武徳編年集成	記述あり	呉服大明神別当（宇治田原）

武士への連絡を行ったのが山口藤左衛門光広である。光広は実は多羅尾光俊の六男で元々甲賀武士であるが、信長の命により宇治田原城主山口甚助長政の養子となっていたものである。城主で養父の長政はこの時すでに病身であった可能性が高く、半年後に病没している。案内役の長谷川秀一が織田政権内で長政と知り合いであったことが、一行が宇治田原を目指した理由であろう。

一行の山口城到着は二日の深夜ないしは三日の早朝と推定され、一行は食事と短い休憩の後、あたふたと次の目的地である信楽の小川城を目指した。この時、食事、水、鉄砲・弾薬、馬等の補給は勿論、次の目的地への先行連絡が重要で、その点光俊・光広親子の連携は実に完璧であったと推定される。即ちその後の一行の動きを見ると、光広は実父の多羅尾光俊へ家康一行の到着を急報し次の休息地を確保したばかりでなく、翌日以降の必要物資の手配や、伊賀をはじめ行く手の安全情報の収集を甲賀武士に依頼する様頼むなど先を見た手配をしている模様だ。

なお、山口氏の活躍に関し慶安三年（一六五〇）十二月二十六日付で新《あたらし》重左衛門尉末次が伏見代官経由京都所司代板倉周防守宛てに提出した書付が存在する。実父の新主膳正末景が木津川の渡しへ家康一行を迎えに行ったとの伝承を確かめるため、京都所司代から提出の指示があって書かれたものであるが、事件から七十年近く経った後でもあり、かなりの潤色が認められるので草内の渡しへ向かった件以外は慎重に読みたい。

理由は次の通り。「甲賀伊賀越え」の翌年正月、養父長政が没した後、光広は一旦城主になるが、程なく秀吉から、家康へ身を入れ過ぎたかどで宇治田原山口城の廃城を命じられ、光広は廃城後信楽朝宮に居を移す。この時、信長と長政の重しを失った光広と、秀吉に通じた一派の家督争いがあったのではないか。

連枝衆の山口宗長（正弘）は加賀大聖寺へ移り、秀吉政権下で大名に取り立てられた。この際新主膳正末景は前城主光広の住む朝宮には行かず、家族で大聖寺へ行き、関ケ原の戦で西軍となった大聖寺城が前田利長によって落城させられるまで宗長に仕え、その後敗残兵として宇治田原へ戻って来たのである。よって旧主を捨てて出て行った新主膳正末景及びその子重左衛門尉末次と旧主の光広の間には何らかの遺恨があったと思われ、末次の書いた報告書には病気で寝込んでいたはずの長政の活躍ばかりが書かれ、実際に関ケ原の戦の後家康から呼び出され、家康から直接支援を感謝されて旗本になった光広のことは史実なのに一切書かれていないという異常な報告書となっている。

多羅尾氏

多羅尾一家の活躍は、『寛永譜』に記述があるばかりでなく、『御蔵本三河記』[12]や『戸田本三河記』にも書かれており、家康一行の信楽小川城への立ち寄りと、城主多羅尾光俊ならびに多羅尾光太、多羅尾光雅、前出の山口光広ら息子たちの支援活動は明白である。

光広から連絡を受けて光俊は家康一行の受入れの準備を進めると共に、支援強化のための「安心できる甲賀武士」の招集を計った。光広の連絡を受けた和田氏や、甲賀郡毛枚村を本貫地とする勢多城主山岡景隆・膳所城主山岡景佐兄弟の外に、美濃部氏や武島氏や山中氏などが集められた。彼らは城主の光俊と息子の光太、光雅、山口光広らと、翌日の行程の安全確保の検討を行うと共に、兵たちと共に交代で寝ず番に立ち家康たちの安心睡眠のための警護を行なった。

十分な兵馬蓌食の補給を得た上で多羅尾光太と甲賀武士たちに護られて、家康一行は翌朝早暁に小川城から東へ向かって出発した。甲賀武士たちが集まって相談した結果であるから、当然自分たちが家康一行に安全を提供できるルートを選定したものと考えられる。多羅尾家の『寛永譜』にはこの支援のことが簡潔に書かれているが、送り届けたルートに関しては詳細を書き残していない。

なおここで家康が生涯の危難と称したという恐怖について触れておく。実は家康が「甲賀伊賀越え」全般を通じて抱いていた恐怖とは、明智光秀軍に遭遇すること以外では、実は第一には信長憎しに凝り固まる伊賀衆の反乱であり、第二には甲賀衆が反乱した伊賀衆に同調することであり、第三が一般農民による落ち武者狩りであった。だからこそ後述の如く和田定教から人質を取って行動しており、多羅尾光俊に対しても決して完全には信頼していなかったはずである。その分生きて帰れる見込みを得た六月四日朝の小川城での喜びは尋常ではなかったと思われる。

光俊たちは前年丸柱村の宮田氏城で行ったようにここで城に火を放てば、就眠中の家康一行を皆殺しにすることもできたはずであるがそれをせず、ここで家康一行が「眠ることが出来た」ことがいかに貴重なことであるかを分かっていたのは家康自身で、それが実は一歩間違えば全滅していたという危難を乗り切った瞬間であった。

そのことを認識した家康は当時の慣行として、それ相応な内容の誓状（起請文）を光俊に渡したものと思われる。現在誓状は行方不明であるが、これが後に三度も多羅尾家の代官罷免の危機を救うのである。

多羅尾家はその後秀吉政権下の十数年間で八万石の所領を有するまでになるが、秀次事件に連座し一気に所領を失う。家康はこの時次男光雅を駿府で採用するなど陰で多羅尾家を支えるが、程なく関ケ原の戦の時代へ向かう。ここで家康は慶長五年（一六〇〇）七月に多羅尾光俊の旧領四千六百石（三千八百石とも）を安堵すると共に、同年八月には長男光太を近隣二万石余の徳川領代官に取り立てている。[13] これが、家康の甲賀伊賀越えへの返礼であり起請文の本気の実行であった。

山岡氏

山岡一族の活躍は、『寛永譜』に記述があり間違いない。甲賀郡毛枚《もびら》村を本貫地とする山岡氏は約百年をかけて勢多（瀬田）、石山、膳所地区の国人領主に成長し、東国から京都へ上る最後の関所を守る形となっていた。最後の室町将軍足利義昭を擁しての織田信長の上洛に際しては、近江守護六角氏の意に反して信長に協力し、その後も信長の上洛の度に定宿化していた。

本能寺の変に際しては明智光秀の誘いを断り、勢多城主山岡景隆と膳所城主山岡景佐《かげすけ》の兄弟は瀬田の唐橋を焼き落として光秀の安土への進軍を食い止めると共に、山口光広からの連絡を受けて、山岡景隆、景佐兄弟が従兄弟の山岡景民・景定らを引き連れて信楽小川城の家康一行を支援に出掛けている。宇治田原と勢多や石山とは途中若干の山地が介在するとは云え、隣接地同士であり馬であればお互い二、三時間で連絡が取れたはずである。

六月三日の家康一行の山口城到着時には山岡景隆らは山口城に駆けつけたとの説もあるくらい迅速に行動しており、遅くも同日夕刻には小川城で家康一行の小川城到着を待ち受けていたであろう。夜には警護や打ち合わせ、翌日の諸準備は勿論、多羅尾一族と共に前年の天正伊賀の乱出陣の折と同じく馬の確保に貢献したのではないかと思われる。

六月四日には、彼らの内幾人かが家康一行を護衛しつつ嚮導したものと思われる。後年秀吉からはすべての城主を改易され、さらに柴田勝家方についたこともあり、景隆は甲賀郡毛枚村へ戻って没するなど一族で苦労することになるが、家康の支援もあって生き延び、最終的に関ケ原の戦に景隆の弟景友（道阿弥）や景光（伏見城籠城戦で戦死）などの貢献があり、戦後山岡家から多くの旗本が誕生した。幕末の山岡鉄舟はこの家系から出ている。

和田氏

和田氏の活躍は、『寛永譜』に記述があるばかりでなく、天正十年六月十二日付の和田定教宛家康起請文写が残っており確かなものである。和田氏は甲賀郡和田の領主であったが、室町幕府被官の時細川藤孝と共に、後に十五代将軍となる僧一条覺慶を奈良興福寺から救出して和田で匿ったのち、覺慶を織田信長に引き合せたことで知られる和田惟政の一族である。惟政は信長から摂津半

敬白起請文之事
一、今度質物早速被出候段、祝着之事
一、御身上向後見放申間敷候、
　可然様可令馳走事、
一、何事モ抜公事、表裏有間敷事、
右条、若於令違犯之上ハ、
梵天・帝釈・四大天王、
惣日本国中六十余州大小神祇、
別而伊豆・箱根両所権現、三島大明神、
富士・白山妙理大権現、八幡大菩薩、
天満大自在天神部類眷属、
神罰・冥利可蒙罷者也、
仍起請文之状如件
　天正十年壬午六月十二日　　家康
　　和田八郎殿

和田定教宛家康起請文写

国の守護を命じられ高槻城主の時、荒木村重に攻められ戦死する。

惟政の息子や惟政の弟とその息子たちが、信長政権下で働き、天正九年の天正伊賀の乱にも織田軍の一翼として参戦している。その戦果と恩賞は必ずしも詳らかではないが、それなりの論功行賞を得ていたのであろう。その彼らが家康の「甲賀伊賀越え」を支援することになる。前年の天正伊賀の乱のときのような一家総動員の戦時体制で家康救援に向かったということであろう。なお家康起請文によると、定教らは家康と直接の面識がなかったらしく、家康一行を同行支援するに当たっては和田氏側から人質を提供して信頼を得ている。

ちなみに惟政の妹（娘とも）が山岡家に嫁いでおり、山岡景隆、景佐、景友、景光たちの母親である。和田氏はこのルートからも連絡を得ていたであろう。なお未確認ではあるが、この山岡・和田間の姻戚関係に加え多羅尾・山岡間にも姻戚関係があるとの説があり、それが事実であれば多羅尾・和田間にも姻戚関係があった可能性がある。

若し多羅尾・和田間に姻戚関係があったとすれば実は両家を結ぶ直線ルートが小川―神山―（槇山新田）―杉谷新田―磯尾―柑子―馬杉―和田となり、当時未開発であった槇山新田がわずかに伊賀領であるほかは全て甲賀を通る、通いなれたルートが両家間に存在したことになる。関ケ原の戦の後、和田氏は二家が旗本として採用されている。

美濃部氏と武嶋（竹島）氏

この二家は『寛永譜』では記述が見られないが、両家とも庶子家が秀吉時代に浜松や駿府において家康に仕えていて、それが秀吉からの難儀（甲賀ゆれ）を避けるためであったとの主張が『寛政譜』にある。伊賀者由緒書に見られるような、天正伊賀の乱で逃げたが「伊賀越え」参加の貢献で採用された式の由緒話に酷似しており若干真偽を疑いたくなる側面もあるが、この両家は共に多くが関ケ原の戦後に五百石以上の旗本に採用されており、二、三家の例外以外は与力や同心と云う下役にしか採用されなかった伊賀の場合と異なっているのではないか。つまり徳川家も両家による「神君甲賀伊賀越え」支援を事実として認識していたということになろうか。

十八世紀の各種史料ではそれぞれ本家筋の美濃部茂濃と武嶋茂幸が家康支援に向かったことになっているが、実は彼らは共に織田政権内で下役ながら甲賀衆としての働き場所を得ており、「神君甲賀伊賀越え」の際には甲賀にいて、多羅尾からの連絡に応じて出動したものであろう。

山中氏（蒲生氏）

山中氏には『寛永譜』にも『寛政譜』にも「神君甲賀伊賀越え」への支援の記述は無い。従って山中家は一切貢献していないと見ることもできるが、実はそうではないのではないか。この時期、山中家には二つの大きな流れがあり、一つは山中長俊もう一つは山中俊好である。

長俊の家系は、応仁の乱前後には既に河内・摂津方面で細川氏の軍事担当として一時は三千人の兵を預かるほど活躍しており、織田政権下でも柴田勝家軍の一翼を担っている。従って天正十年（一五八二）六月の段階では北陸方面に展開しており、「神君甲賀伊賀越え」を支援することはできなかったであろう。その後一時不遇ののち、秀吉時代には才能を見出されて祐筆となって政権の中枢で活躍するが、大坂城で家康とも近かったようで江戸幕府成立後旗本に採用されている。この家系の山中家系図には、「神君甲賀伊賀越え」への支援が記述されていなくて当然であろう。

他方俊好は地元に根を張り甲賀郡中惣の中心にいて、信長の近江進出に当たってはいち早く六角を捨てて信長への協力を打ち出し、甲賀武士団の信長政権への協力姿勢を取りまとめると共に、信長に対しては安土城と城下の建設に多くの甲賀の資材を提供して協力をしている。例えば安土山に創建された摠見寺の楼門や三重塔（共に現在国の重要文化財）や本堂（焼失）は甲賀の地にあった建物を取り壊して安土へ運び、安土山で再び組み立てたものである。願主としてこの仲介をしたのが山中大和守俊好であると現地に記録が残る。[14]

しかし、俊好は「甲賀伊賀越え」の三年後の一五八五年太田城水攻め工事不行き届きを理由とする甲賀ゆれの秀吉指令をまともに受け、鈴鹿山中の山中村に送り込まれ、水口城主の中村一氏、増田長盛、長束正家らに余程きつく監視されたのであろう。再び大きく立ち上がることは無く、徳川政権になっても俊好の家系は直参旗本には成れず、地方藩の役人や豪農レベルに落ち着くのである。

ところが、山中氏の文書群（現神宮文庫）の中に、天正十年六月四日付の蒲生賢秀・氏郷親子宛ての家康書状の写が残っている。これは何を意味するのか。六月四日と云えば、家康一行が小川城を出発した日である。用心深い家康は、前夜に書いた書状を翌朝出発前に安土で顔見知りの山中俊好に手渡し、かつて信長の千草峠越え（鈴鹿山脈越え）を支援した蒲生氏への万一の場合の救援依頼の取り次ぎを頼んだものと思われる。つまり山中氏は小川城へ来ていたことになる。残念ながらこの系統の山中氏には江戸幕府幕臣として公的に記録すべき系図がなく、支援者として山中氏の名が残らなかったのではないか。

急度以書状申候、
其城堅固ニ被相拘之由尤候、
御君達衆御無沙汰候者雖有間敷候、
弥御馳走大慶可為満足候、
信長年来之御厚恩難忘候之間、
是非惟任《明智光秀》儀可成敗候之条、
可御心安候、
無異議其面被拘可有事専要候、
恐々謹言
六月四日《天正六年》　　家康
蒲生右兵衛《賢秀》大助殿
同忠三郎《秀郷》殿

蒲生氏宛徳川家康書状写（山中文書）

甲賀武士たちが家康から受けた論功行賞

山中俊好を除く前述の全ての甲賀武士がそれもほとんどが複数でそれぞれ五百石以上の旗本に採用されており、家康の甲賀武士への感謝の気持ちが表れているといえよう。浜松で、駿府で、或は江戸で、はたまた甲賀でと場所が異なり、タイミングも秀吉時代、関ケ原前後、あるいは江戸幕府成立後と様々であるが、後の伏見城籠城戦遺族への採用レベルである与力・同心でなく、今回の「神君甲賀伊賀越え」を支援した甲賀武士たちは、全員が五百石以上の旗本として受け入れられている点が重要である。

この点は、伊賀の二百人組等への採用の際の十～二十石クラスの同心中心の編成と較べても明らかに「甲賀伊賀え」で活躍した甲賀武士たちの特色であると云える。

家康を支援した甲賀武士たちの共通属性

図1に、本節で取り上げた甲賀武士たちの大まかな地理的分布と共通的な性格を探ってみた。その結果彼らが甲賀全般に分布すること、その割に姻戚関係者が多いこと、多羅尾家や山岡家は三井寺に兄弟の幾人かを提供して修行させてもらっており、三井寺での交流があることなどお互いに親しい間柄の者が多いことが分かったが、より明確な全員の共通属性として、織田政権の中で既に甲賀衆としての居場所を有し、相互に知り合った仲間であったことを指摘することが出来る。このことは蒲生郡の蒲生親子や、伊賀の福地氏や柘植氏の一部さらには宇治田原の山口氏、栗太郡の山岡氏といった甲賀郡外の人々との結びつきに於いて重要であった。甲賀出身者と

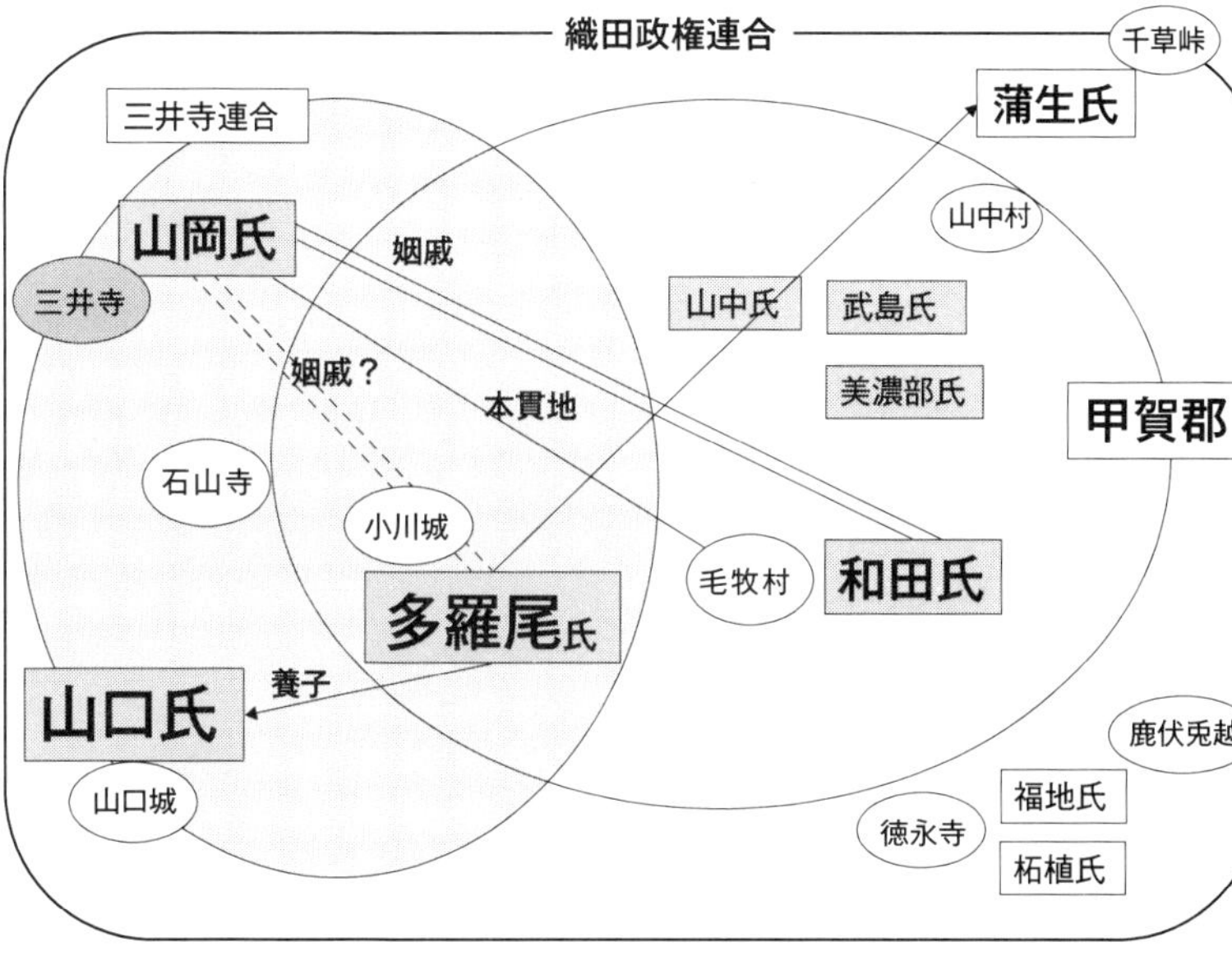

図1　神君甲賀伊賀越えで活躍した甲賀武士等の共通属性

してだけでなく、織田政権参加者としても信頼し合っていたということである。

親織田の甲賀武士としては、従来伴氏と佐治氏がよく知られているが、伴氏は当主伴太郎左衛門が信長と共に本能寺で戦死する混乱の最中にあり、佐治氏はこの時点ではまだ大野佐治氏の当主が信長の妹の夫であって織田家の姻戚でもあり、佐治氏は織田氏の一族のように見えて敬して遠ざけられたのではないか。

このような一部の例外はあるが、今回の「神君甲賀伊賀越え」を支援し成功させた甲賀武士たちとは、織田政権内で甲賀衆として既にある程度の地位なり働き場所を得ていた仲間たちであったと云えよう。このような共通属性は福地氏、柘植氏以外の伊賀武士たちには決して求めることが出来ないものであった。

想定される「神君甲賀伊賀越え」ルート

以上のような甲賀武士たちの活躍を考慮すると、家康一行が通過した可能性が高いルートとしては和田氏の本領である甲賀郡和田村を通る安全な甲賀ルートを採り上げたい（図2）。具体的には、甲賀郡信楽神山村から一

図2　神君甲賀伊賀越えルート諸説

旦伊賀国槙山村に出た後、直ちに甲賀郡上磯尾村へ入るルートが有力となる。上磯尾村には家康以下徳川四代を祀る位牌が残る明王寺があり徳川家との縁は浅くない。その後和田を通過して伊賀の最東部である柘植に到達する。甲賀ルートでは山中を逃げ隠れするのではなく、前年天正伊賀の乱で織田軍として戦勝した甲賀には馬が多くいたはずで、ある程度平坦な安全地帯を馬で駆け抜ける方法が取られたのではないかと思料する。なお最近地元では、信楽神山村から新田開発される以前の「槙山新田」地区を抜けて甲賀に入り直すルートの可能性も検討されている。新田開発以前にもこの辺りに地元民の通る道が通じていたことが分かって来たこと、小川城から和田へ向かう場合の最も近い直線に近いルートであること、さらにこのルートでは伊賀人に出合う可能性がほとんど無く、その後は柘植まで甲賀郡内のみを通過することが出来るためである。

おわりに

「神君甲賀伊賀越え」を文献的に見た時、『石川忠総留書』に依存する部分が多く、この『石川忠総留書』が信頼できないとなると、「伊賀国を通過した」意味での「伊賀越」を支持する史料はほとんど見当たらず、むしろ「甲賀越」を支持するもののみが残ることになる。

文献としては信頼度の低くなる系図資料であるが、つい先ごろまで関係者が生存していた時期に書き上げられ、幕府関係者の目が光っている公式系図である『寛永譜』は比較的信頼度が高いと云える。その『寛永譜』といくつかの史料で裏打ちされる甲賀武士たちの「神君甲賀伊賀越え」への貢献は、仮に文献的に不十分であっても旗本への大量任官や多羅尾氏の幾度もの罷免取り消しなどの史実によって十分に証明されている。即ち、「神君甲賀伊賀越え」に当たっては甲賀武士たちが間違いなく貢献しており、和田氏の領地等甲賀を通過した可能性が高くなるのである。

以上の通り、今回の検討の限りでは「神君伊賀越え」は見えて来ず、実質的には「神君甲賀越え」である可能性が高くなることを述べて来たが、最初に信楽（甲賀）に入り、最後に柘植（伊賀）から出て行った事実を重んじ、家康一行の逃走事件を今後は「神君甲賀伊賀越え」

（「神君伊賀甲賀越え」ではない）と呼ぶことを提案するものである。

素性の怪しげな忍者ではなく、れっきとした、後に旗本になるような甲賀武士たちが活躍したことが確定したとして、これで「神君甲賀伊賀越え」が忍者話でなくなったということではない。彼らは当時密かに行動し遂せたたばかりでなく、四百年間以上も自分たちの行動を隠し遂せた点で立派な忍者であったといって良いのではなかろうか。当時の地位立場がどうあろうと、後の時代に地位が偉くなろうと、甲賀武士や伊賀武士がこのような他人のために役に立つ働き方をしたとき、私たちはそこに甲賀忍者が居た伊賀忍者が居たとして歴史を語り合いたいと思うのである。

註

1　今谷明「家康の伊賀越えについて」『真説本能寺の変』集英社　二〇〇二年　一七八頁。
2　石川忠総『石川忠総留書』　国会図書館蔵翻刻本、及び国立公文書館蔵翻刻本。
3　『戸田本三河記』地（一六二六～三二）「甲賀越に懸り」の記述あり。
4　『寛永諸家系図伝』一四七　和田八郎定教家　一六四一年「甲賀の山路を経て御下向」の記述あり。
5　柚木俊一郎『甲賀の歳月』誠秀堂　一九八七年　二〇八頁。
6　『寛永諸家系図伝』一一四　多羅尾光俊家。
また家康生存中の同時代史料として、家康が一六〇〇年七月に多羅尾光俊に四千六百石（後に三千八百石）の所領安堵と八月に多羅尾光太に二万～数万石規模の徳川領代官職を与えた史実が証拠である。当時の慣行として和田家同様に多羅尾家に対しても、事件直後の日付の家康誓状が存在したことは間違いなく、それがこの年に実行された。
7　藤田達生「神君伊賀越え」再考『愛知県史研究』第9号　二〇〇五年三月　一頁。
8　藤田達生「神君伊賀越え」『伊賀市史』第一巻通史編二〇〇七年　八一七頁。
9　服部光一「謎の神君甲賀・伊賀越え」『別冊歴史読本八　伊賀甲賀忍びの謎』新人物往来社　二〇〇五年　四一頁。
10　伊賀国阿拝郡丸柱村『地誌取調書』明治二十一年「旧記及伊賀国記ス藤堂氏此国ヲ領シテヨリ宮田氏ノ行ク処ヲ知ラズ村民今尚宮田ノ姓ヲ冒ス者アリ其ノ支葉タルヤ否ヤヲ知ラズ」。確かに江戸時代初期の藤堂家分限帳に宮田氏の名は見当たらない。
11　『寛永諸家系図伝』服部保長家には半蔵の名前もなく、「甲賀伊賀越」への同行の記述もない。
12　『御蔵本三河記』下（一六二六）。
13　『信楽町史』信楽町史編纂委員会編　一九五七年　一一三頁。
14　松岡長一郎「摠見寺の二王門と三重塔」『甲賀から移された文化財』サンライズ出版　二〇一三年。

第三章　尾張藩甲賀者木村奥之助と「甲賀五人」
――江戸時代に実在した甲賀忍者

はじめに

二〇一七年甲賀と伊賀が「歴史上リアル忍者が誕生し実在した日本唯一の地域」として日本遺産に認定された。ではその「リアル忍者」とは何なのか。甲賀の場合で云えば、戦国時代の甲賀武士で忍者的活動をした者達と江戸時代の「甲賀忍者達」を合わせて総称する「甲賀に実在した忍びたち」である。

その中で江戸時代の甲賀忍者の代表的な存在が木村奥之助であり、その拠って立つ流派として知られるのが「甲賀流伴党」であり、その流派は今日まで存続している。その木村奥之助は江戸幕府が成立して七十年も経った頃、尾張徳川家によって山伏から二十石取り三人扶持の武士に採用され、延宝七年（一六七九）に「甲賀五人」と称される甲賀の忍び衆五名を尾張藩忍び役として採用して自らはその頭領に任命されたのである。

一九九五年頃、名古屋の地域史研究者鬼頭勝之が名古屋の我楽多市で文化十一年の「達シ書并願留」（以下「甲賀五人文書」）（74頁参照）を発見したのがきっかけであった。鬼頭は、発見された史料から尾張藩に於ける「忍び役」は木村奥之助と彼によって見出されて採用された「甲賀五人」が主役であることを明らかにした。一九九九年からはそのあとを引き継いで、甲南地域史研究会の初代会長服部勲が、彼ら六人が甲賀のどの地域からの出身者であったかを明らかにした。

右記「甲賀五人文書」や名古屋蓬左文庫に残る藩の資料によると、木村奥之助自身は名古屋大須にあった山伏寺「清寿院」に出入りしていたところを尾張藩第二代藩主徳川光友によりまず単独で採用され、その後延宝七年（一六七九）に奥之助自身が甲賀へ戻ってリクルートを行い、「甲賀五人文書」署名者の先祖五人を採用したという。この最初の採用から百三十五年後の文化十一年（一八一四）の「甲賀五人文書」署名者が望月弥作、渡辺善右衛門、木村源之進、渡辺新右衛門、神山与左衛門の五人であった。

一　木村奥之助と「甲賀五人」の既知事項

鬼頭勝之の研究成果

　鬼頭は木村奥之助と前記五人を世に出す形で明らかにすると共[1]に、蓬左文庫の尾張藩関係資料等[2]を読み解きこれらの甲賀衆が尾張藩の忍びの主力であったことを解明した。また木村奥之助とその子孫たちの尾張藩での記録を追い、その活動の様子をまとめた。

　甲賀忍術流派伴党の中では木村奥之助の名は誰知らぬ者もいない重要人物ではあったが、尾張藩での木村奥之助の活動の状況を明らかにしたのは、鬼頭が初めてである。鬼頭は奥之助が採用された状況や、奥之助の期待された役割なども明らかにした。

　それによると、奥之助は当初忍術を以て仕官することを希望したが、実際には鉄砲の技能を以て採用され、後になって高度な甲賀忍術の使い手であることが藩主に伝わり、それならば配下が必要であろうと甲賀への忍者採用出張が命じられた。この旅で奥之助が甲賀で筋目の者達として採用したのが前記五人の先祖たちで、その上で自らは忍び役の頭目に任命された。

　また奥之助の出身地として甲賀郡下磯尾村を特定し、さらに奥之助の子孫が歴代名古屋に在住し、奥之助の勤めた頭目の役割を幕末近くまで歴代受け継いだことを確認した。さらに五人のうち神山与左衛門については文書の中に残っていた「宗門改」書類により甲賀郡塩野村長楽寺の檀那であることが分かり、塩野村の住人であることが判明した。これにより奥之助を含む六人の内二人は甲賀杣谷の出身者であることが確定したのである。

服部勲の研究成果

　一九九八～九九年頃、残る四人の出身地を発見すべく鬼頭が甲賀へ現地調査を行ったが目的を果たせず、「甲賀五人文書」など関係史料を当時の甲南町教育委員会へ預けてあったところを、服部勲が見つけ、鬼頭の研究のあとを引き継いで現地で探索続行することとなった。[3]

服部は先ず「奥ノ坊」木村家の系図を追求し、甲南町深川の住人でもと下磯尾村の住人木村富三家に残る系図に木村奥之助に関する記述があることを発見し、奥之助は木村家が元在った下磯尾村の山伏家「奥ノ坊」の家系の者であることを改めて地元で確認した。ただしこの時「奥ノ坊」から次男坊が分家して杣中村に移転して「圓福坊」を設立しそのまた次男が奥之助であったということを書面上は認識していたが、杣中村の「圓福坊」への実地詳細調査は行われなかった。

二〇〇〇年三月に筆者が東京から杉谷へ帰郷し、偶然の共同作業中にあった服部から筆者への質問がきっかけで、その年の夏、尾張藩忍者「渡辺善右衛門」が当家の先祖であることが判明し、六人のうちの三人目が杉谷村の出身者と断定された。また服部は望月弥作が望月本家筋の系図に登場する塩野村の「望月甚太夫重満」であると特定し、これにより四人目が塩野村の出身者であると断定された。

その後筆者宅で百五十件余の古文書が発見され、[4]服部はこのなかのいくつかに五人の仲間のことが記載されていることを見付け、その記載内容を解読して、木村源之進は杣中村の出身者、渡辺新右衛門は渡辺善右衛門と同じ杉谷村の出身者と断定されることとなった。

以上の結果、木村奥之助と甲賀五人は全員が磯尾から北へ延びる六～七㎞のほぼ直線上に並ぶ下磯尾・杉谷・塩野・杣中の四ケ村から採用されていたことが分かった。

二　木村奥之助と「甲賀五人」の新事実

その後、服部勲の逝去によって研究は一次頓挫していたが、甲賀市内の忍術関連文書を発見するために結成された「甲賀市ニンジャファインダーズ」の団長に就任した磯田道史の指導を得て、[5]さらには甲賀市教育委員会の伊藤誠之や地元研究者の村上多津美の協力を得て、この数年で多くのことが判明して来たので、次にまとめておきたい。

木村奥之助の生家・実家について

木村奥之助が生まれ育った家、つまり生家・実家が今も旧杣中村（甲賀市水口町杣中）に現存し、そこには木村奥之助とのやり取りを示す文書など、木村家が一家で尾張藩勤めを行っていた様子が分かる一次史料が残されていた。また奥之助自身が尾張藩と結んだ契約（二十石三人扶持）や甲賀五人が騎馬で勤めることを約した契約等、藩側の資料でしか分からなかった五人組の契約状況などが分かって来た。奥之助の出身地としては杣中村が正しく、下磯尾村はあくまで本貫地である。

初代の採用の事情や木村家の由緒についてはかなり明らかになってきたが、実はその後の木村奥之助の子孫の幕末の様子や、明治維新以後の様子が分かっていない。明治維新後の木村奥之助家の変転そのものは研究の対象ではないが、その後のご子孫が判明することで系図や文書類が見付かり木村奥之助家は勿論他の五軒の忍者としての活動状況がより明確になることを期待したい。

なお木村奥之助が尾張藩に採用になった理由は、(イ)山伏として「清寿院」に出入りし、尾張藩の軍貝役（戦場での指揮官）を勤めていた家老村瀬家と近づけたこと、(ロ)鉄砲特に大筒の高度な使い手であったこと、(ハ)甲賀流忍び「甲賀流伴党」の有能な継承者であったこと、(ニ)父木村才兵衛が自身甲賀忍術の使い手として息子奥之助を尾張藩に売り込みにやってきたことが挙げられる。要するに高い技能の有る山伏を売りこめたチャンスがあったということである。

木村源之進家について

実は木村奥之助が十七世紀末の人物であるのに対して、同じ「甲賀五人文書」に出て来る先に挙げた甲賀五人の人物は十九世紀初頭の人物である。

そこで五軒それぞれの尾張藩勤めの初代は誰なのかがもう一つの疑問点となる。渡辺俊経家文書と伊賀の貝野家文書[6]から、源之進の先祖で尾張藩勤めの初代は木村文四郎であることが分かる。

但し、この文四郎は奥之助（二男）の弟で四男の木村宗覺またはその息子であろうと推定されるが決め手がなく確定できない。杣中村に現存する木村家六軒の全系図・位牌・過去帳を調査したが、この宗覺から発する家系が見付からず、一方、文四郎の名を残す系図・位牌・過去帳も見つからなかった。文化頃と天保前後の二度杣中村福量寺の過去帳に「源之進」が登場するが、その後パッタリと途絶えるところから、このお宅は幕末頃絶えたか杣中村を出られたのではないかと推定する。

四男木村宗覺が初代の文四郎であったとして、その採用の理由は第一に山伏であり、同時に奥之介同様父木村才兵衛の忍術の薫陶を受けていた。そして何よりも最も信頼できる仲間であったということであろう。

望月弥作家について

同家は元々望月家全体の宗家的な存在で、第二部第一章で取り上げた如く、諏訪神社勧請、室町幕府被官、甲賀ゆれによる改易、伏見城籠城戦参戦、在地での江戸幕府御家人化、甥っ子の江戸移住武士化等華々しい歴史上の活躍に較べて同家の江戸時代の記録は意外に少なく、江戸時代を通じて文書類に登場することは余り多くない。

不思議なことに自家に記録がないばかりでなく、村や寺にも記録がほとんど無く、わずかに矢川神社文書に幾度か弥作の名を残す。

この家の子孫は現在神戸市内に在住していることが確認されているが、数年前まで甲南地域史研究会の会員で、高齢にもかかわらず例会にもよく顔を見せておられた。塩野から転出する際、古文書類は処分されて流出したのであろうか。残留古文書が少なく、寺庄尋常小学校用箋に書き写された望月家系図がこの家の由緒を証明する重要証拠資料である。

この系図によると、尾張藩忍者の初代は望月甚太夫重宣であり、最後の尾張藩忍者は望月哥之助（甚太夫重安）であった。

武士の資格を甥っ子に譲ったことが響いたのであろう、その後の百姓としての生活が楽でなかったらしく、天和二年（一六八二）に他の四家よりも三年遅れて尾張藩によって忍び役に採用されている。文化十一年段階で、尾張藩の上司の質問に「初代五人が一括で採用された」とした点は話が煩雑になるのを避けるため単純化して報告したものとして止むを得なかったが、重宣が他の四人から三年遅れて採用された本当の事情については目下不明である。

この家の者が採用された理由は、三年遅れて追加採用された場合にはなおさらのこと、この家が元甲賀武士の本家として武力を維持し数々の戦いを潜り抜けて来た武門の家であるということであろう。さらに馬との繋がり、諏訪神社を介した山伏の繋がりもあったかもしれない。

神山与左衛門家について

　ご子孫が七十年以上前の第二次世界大戦の戦時中に塩野から蒲生郡日野町へ転出され、古文書を一切残していないために当神山家の記録も少ない。系図・過去帳ともになく、位牌等の記録も必ずしも十分でなく、位牌・繰出類の中には「政吉」はあるが「与左衛門」の名は出て来ない。また戒名による歴代の夫婦と思われる組み合わせを試みたが、一応全ての世代が繋がるかに見えるものの、厳密には明治以降に断裂があり、戸籍謄本等の現代資料で補強せぬ限り理論的にはこの日野町在住の神山家が神山与左衛門の子孫であるとは断定できぬこととなる。

　また尾張藩に採用された初代は渡辺俊経家文書の記述により神山市右衛門であると推定されるが、こちらも山伏らしき戒名が繰出に残るものの命日や俗名の記載がなく、この山伏の戒名の人物が初代の神山市右衛門であると断定することはできない。

　但し、他の位牌の裏に「市右衛門母」との記載があり、これらの位牌・繰出類のすべてを当家が継承しておられている点で、さらに元禄の頃以降歴代の戒名に院号と居士名を付け、浄土宗として丁重に祀っていた点から見て日野町の神山家が元塩野村の神山与左衛門の子孫であることはほぼ疑いようがない。さらに当家には山伏の戒名の古い位牌が残っており、山伏の影を感じる。

　明治以降の系譜の断裂を公的資料や寺の過去帳等で修復する作業が十分に出来ておらず、今後長楽寺や近隣のお寺の過去帳原簿等の調査を継続すると共に、戸籍資料等による同家内での系図再生努力に期待せざるを得ない。

　また塩野村では神山家は望月家と共に庄屋等を務めていた可能性があり、塩野村の古文書等や矢川神社文書、飯道山山伏文書等での神山市右衛門の発見も期待したい。

　当家が採用された理由は、恐らく山伏繋がりであろう。塩野村に神山家は少なく、本貫地の信楽神山村から杉谷村市ノ瀬を経て隣接の塩野村へ進出したのではなかろうか。市ノ瀬には神山姓が多く、山伏家が何軒かあり、この神山家は飯道山修行の後、里山伏となって、木村家が磯尾から杣中村へ進出したのと同様に、市ノ瀬から塩野村へ移住したのではないか。

渡辺善右衛門家について

渡辺善右衛門と渡辺平右衛門の名は「甲賀五人文書」、嵯峨源氏渡辺家系図及び過去帳、杉谷区有文書二〇一、矢川神社文書[7]、勢田寺過去帳原簿及び同寺特殊位牌等、さらには伊賀の貝野家文書等にも登場し、これらを突き合わせると筆者自身が甲賀五人の一人渡辺善右衛門の子孫であることは最早や疑いようがない。

また多くの忍術関連古文書の存在も当家が忍術を生業とする家であったことを裏付けている。即ち、当家の先祖たちは杉谷村の正に現在地から名古屋の尾張藩に向って非常勤の忍者勤めをしていたことになる。

当家は天正十五年（一五八七）に摂津国から近江国甲賀郡杉谷村へやって来たとされ、延宝七年（一六七九）に渡辺三之助（平右衛門俊参）が初代として尾張藩に採用されるまで数代を経ている。その後実質六回の代替わりを経て約百九十年間延べ七代にわたり忍者勤めを行ってきた。このうち最終の一回を除く五回については「盟文之事」と題する代替わりの起請文の控が残されており、忍びの者たちの世代交代の様子が分かる。なお当家に於ける最後の尾張藩忍者は渡辺平右衛門俊恒（捨三郎）であり、長州征伐には参戦し戊辰戦争にはなぜか参加していない。

当家が採用された理由は、鉄砲技術であろう。実は当家文書の中に、初代三之助が採用された延宝七年（一六七九）よりも約二十年早い万治三年（一六六〇）の文書「渡部流炮術相伝書」が存在するが、この文書は三之助が生まれる以前に三之助の父親渡部善右衛門によって書かれており、当家はこの時点で鉄砲指南役を標榜する家であった。この文書には鉄砲の部品サイズまで記述されており、確証はないが、ひょっとして「甲賀張り」と呼ばれた甲賀産鉄砲の製造者であったかもしれない。

また当家の文書や現在整理中の木村幸弘家文書からは、甲賀五人の仲間の間では、相互に保証人になり合うとか、忍術や飯綱法（呪法）、居合等武術を教え合い各種免状を交付し合うとか、やや公的ないしは仕事上のものから助郷や地元とのトラブルへの口利き、葬式への支援等私的なものに到るまで多くの助け合いが行われていたことが分かる。お互いに武士とも百姓ともつかぬあいまいな身分の者同士として、村と村の垣根を超えて、情報の共有や種々の助け合いや公私にわたる相互協力が行われていたことが見て取れる。甲賀忍者のネットワークが別の形で生かされていると強く感じる。

渡辺新右衛門家について

実は渡辺善右衛門家の江戸時代初頭に於ける分家筋に当たる。百姓身分で途中から医業を行うが権右衛門の代に医業についたまま尾張藩に忍びとして採用された。ただ初代の名前については当初系図の不備で確定しづらかったものが、伊賀の貝野家文書により渡辺権右衛門が当家の尾張藩忍者初代であることが分った。

伊賀の貝野家文書を見ると、この件に限らず、忍びの仲間同志では誰がどこへ仕えているという情報は筒抜けに知れ渡っていたことが分かる。甲賀と伊賀の間でもこのような状態なのであるが、甲賀忍者同志ではもっと緊密な情報連絡があったと木村奥之助が彼の著書の中で述べている。[8]

新右衛門の後は新左衛門などが続き、この家の最後の尾張藩忍者は渡辺宗十郎俊賀であるが、その後、この家は明治末期頃に伊勢の関または亀山へ転出しており、それ以後の消息が追えない。この家には落雷で焼失、再建された当家系図より古い系図があるはずで、筆者の家の系図と突合してより詳細な確認を行うためにも是非この家の子孫を見付けたいが果たせないでいる。

この家の採用理由は医薬技術であろう。当時の医者とは薬草の調合技術者であり、毒薬も含めて薬草を使いこなせた点が重宝されたのであろう。

三　尾張藩忍者の勤務態様と活動記録

鬼頭の論文によれば、木村奥之助は山伏として名古屋大須の山伏寺「清寿院」に出入りしていた時に尾張藩に採用された。この時奥之介自身は忍者としての採用を望んだが、大筒鉄砲の腕を見込まれたので鉄砲打ちとして採用されたという。それが証拠に与えられた住まいは、矢田河原の藩の鉄砲訓練場の近くであった。

しかし第二代藩主徳川光友により甲賀忍術の使い手であることが認められ、「甲賀五人文書」にあるように、延宝七年（一六七九）奥之助は在所の甲賀へ戻りリクルートした甲賀忍者が、望月甚太夫重宣、渡辺三之助（平右衛門）、木村文四郎、渡辺権右衛門、神山市右衛門の五

人であったことになる。但し、望月甚太夫重宣は三年遅れて採用されたと望月家系図に記録があり、この点は

木村奥之助（忍者、山伏、鉄砲打ち）
　├望月甚太夫（武門、山伏、馬）
　├渡辺三之助（鉄砲、火術）
　├木村文四郎（山伏、忍術）
　├渡辺権右衛門（薬草学、毒薬）
　└神山市右衛門（山伏）

伊賀の貝野家文書には尾張藩に抱えられた甲賀忍者として吉川金四郎、柘植治郎兵衛の二名の見慣れぬ名前があり、望月甚太夫重宣の名前がない点とも併せて今後解明すべき点である。

　採用されたメンバーの構成を見ると、狭い地域から選びながらも、違う分野の人材を広く集めていることが分かる。これが「甲賀五人文書」に見える「筋目」の、単に家柄がよいということでない本当の意味ではないか。

「甲賀五人」は採用される際に契約を結んだとされるが、この正式契約書そのものは未だ見付かっていない。書面ではなく口頭での口約束であったかもしれない。忍びとしての業務契約のはずであるが、現実には毎年鉄砲指南役として矢田河原で鉄砲発射の訓練があり、その後手当の金五両を受け取ったとされる。これは藩内でも忍びの身分を明かさぬための方便であった。採用条件の一つが馬で出仕することで、当家文書中の文化文政ころの屋敷図（絵図面）にも馬家（厩）と記された一角が存在し、この条件は幕末まで守られていた模様である。

　この契約条件の中で最も重要な点が、名古屋在住ではなく、甲賀在住のいわば非常勤忍者であると云うことであるが、何故そうなったのか、それは藩の側の要請かそれとも「甲賀五人」の方からの希望か今のところはっきりしていない。服部は「甲賀五人」の側からの申し入れであったとするが、江戸時代初期ならともかく、もう七十年も経っていて百姓身分のつらさは十分身に染みているはずで、四十年前に江戸へ移住した江戸甲賀百人組が武士になれたことも、「甲賀五人」は十分承知してい

たはずである。いくら甲賀者は在地性が強いと云っても現代の我々には腑に落ちぬ判断である。

忍び活動の実績については今のところ、「甲賀五人文書」に記載された郡山城忍び込みの一件だけで他には記録がない。八代将軍を争った紀伊藩との間にはそれなりの情報合戦があったはずであるがそれこそトップシークレット中のトップシークレットであったはずで、特に争いに負けた尾張藩側の記録は意識して一切消されたであろうから残っていないくて当然かもしれない。

なお江戸城から緊急脱出するための支援部隊が甲州街道添いに配置されその出口が半蔵門であったとの話があるが、この半蔵門に当たる脱出門が尾張名古屋城では高麗門であり、城主が脱出する時に警固する十八人の同心が「土居下同心」として門の外近くに居住したという。非常勤の甲賀者に代ってここでは常勤の藩士が担当していた。

「甲賀五人」が採用されて以後、戦争は幕末の長州征伐と戊辰戦争だけであり、これらの戦争への出陣は長州征伐のみである。第一次長州征伐に際して尾張藩は御三家筆頭として幕府側の総大将を務めており、「甲賀五人」のうち望月甚太夫重強と渡辺捨三郎（後平右衛門）が従軍しており望月甚太夫が道中のメモを残している。しかし戦闘中の忍び活動に関する記述は一切無く活動状況は知れない。

戊辰戦争では尾張徳川家は一転して新政府軍につき、東海道・中山道を攻め上っている。この際も渡辺捨三郎と木村栄三郎に出陣命令が来た模様であるが、この時は準備が整わぬので待ってほしいと上申しており、結局出陣せずに済ませた。この間木村奥之助の生家・実家筋の木村一族は大原数馬等の誘いを受けて幾人もが北陸戦線へ出陣していて、杣中村の木村一族でも対応が分かれた模様である。

四　甲賀五人の甲賀での暮らし

このようなあいまいな身分の非常勤お城勤めは決して一般的なものではなく、例えば当家の場合、正徳二年（一七一二）の『江州甲賀郡杉谷村差出シ帳』（杉谷区有文書№２０１）では、村に二名の尾張藩扶持人がいることにはなっているがそれぞれ百姓身分であることが明記されており、百姓として村並の負担をしているとも記されている。そこまで知られているが忍びであるとは書かれておらず、ここは伏せていたのであろう。

ではいわば非常勤忍者となった「甲賀五人」の地元での暮らしはどのようなものであったか。地域の記録や当家の文書に残る活動記録から覗いてみる。

江戸時代の社会の基本である身分については、杣中村の木村家も百姓身分であることが杣中村から正徳二年に水口藩へ提出された差出帳に明記されており、塩野村の神山氏についいては宗旨改め文書中にその旨記載されている。塩野村の望月氏についてはことさらに身分を規定した文書は見つかっていないが、ある時期庄屋を勤めていることから百姓身分であることが確認できる。

杉谷村の渡辺家で云えば、尾張藩忍者初代の三之助(平右衛門俊参)が中年以降のある期間杉谷村の庄屋を勤めていたことが、杉谷区有文書中に残る庄屋発給文書の署名から分かる。同様のことは矢川神社文書中の文書に塩野村の庄屋として(望月)甚太夫の署名があり、彼らが村ではそれなりの指導的立場の百姓であったことが分かる。

杉谷村の渡辺権右衛門家の村医者としての活動記録は見つかっていないが、筆者より約十歳年上の近所の方から聞いた話では、まだ信楽鉄道が出来る前には、渡辺の医者を駕籠に乗せ、七曲りの峠道を信楽まで送り届けたものだと自分の祖父から聞かされていたという。同様に水口藩に御殿医として呼び出されることもあったらしく、常雇いの御殿医ではないが、そこそこの医師としての活動をしていた模様である。

塩野村の神山氏の江戸時代の活動記録は少ないが、早い時期から院居士の戒名を採用しており、それなりの経済活動をしていて経済的にもある程度恵まれ、村でも認められた存在ではなかったかと考えられる。里山伏活動の収入によるものかとも想像されるが、二代目以降の位牌に山伏の戒名が一切なくなっている点で若干断定が難しい。

同村の望月家は江戸時代初期の一時は二百石取りであった時期もあり、それなりの田んぼを所持していたのではないかと思われるが、塩野村自体があまり大きな村ではなく、望月家の百姓としての活動規模は推定し難い。よってこれまた神山家同様山伏活動の可能性もある。なお矢川神社文書の記録によれば、天保年間塩野村で諏訪神社が再建された時、甚兵衛は望月の代表でも村の代表でもなく錺《かざり》職人として大工頭への提出書類に署名している。別人かも知れないが。

木村家や渡辺家の伝承や記録では、それぞれ一～三町歩の田んぼを所持していた模様で、甲賀の農家としては十分に大きくむしろ幾人かの小作人を有する状況ではなかったかと思われる。この上に金五両とはいえ余分な収入があったので、「甲賀五人」は経済的には十分やり繰りできていたと考えてよい。

但し楽なばかりでなく、安定した生活を守るために結構苦労もしている。金五両を巡って分け前をよこせと地元民ともめたり、百姓として東海道の道普請当番である「助郷」の出役が寛政五年（一七九三）から急に賦課されたり、この調整を自分たち仲間でやったり、時には尾張藩に文書で指導してもらおうとしたが藩は幕府への気兼ねであろうか、水口藩と交渉するのを止めて助郷出役手当として各人に金二両ずつ内緒で支給して済ませたとか百九十年の間には結構右往左往しているように見える。

おわりに

以上まとめると、木村奥之助と木村源之進については磯田道史や伊藤誠之の調査もあって解明が進んでおり、今回村上多津美の地道な系図調査の結果が加わったので、名古屋木村奥之助家の子孫と杣中村木村源之進家の子孫を探し出す作業は続くが、全般的にはある程度明らかになった。

残る四人の中、塩野村出身の望月弥作家・神山与左衛門家の子孫については塩野には住んでいないものの、神戸や日野町にご子孫が居られることが確認でき、神山家の江戸時代以前の様子が全く分からない外は、ほぼ由緒を把握できた。杉谷村の渡辺善右衛門家は子孫が杉谷に現存し、古文書史料も多量にあって由緒は把握できている。もう一軒の渡辺新右衛門家については、善右衛門家と先祖が同一である点で古い由緒は把握できているが、子孫の行方が不明のため系図が不確かで、途中の変転などの詳細については十分に把握できているとは言えない。

木村奥之助の甲賀流忍術とは何か、忍者活動の具体例は、或は彼等の存在や活躍が政治や社会にどんな影響を残したかなど、今後明らかにすべき点は未だ多いが、今回は木村奥之助と甲賀五人がどこの出身者で、それぞれの家の初代の忍者は誰か、そのとき採用された理由は何か、現在どの家に繋がるのか、そこには忍者の影が残っているのかなどを確認することを第一の目的として、これまでに分かっていることと最近分かってきたことを整理し、今後の調査にゆだねるべき点を明らかにした。

註

1　鬼頭勝之『尾張藩に於ける忍びの者について』地方史研究二六三号一九九六年十月　六九頁など。

2　蓬左文庫（名古屋市）には『藩士名寄』『士林泝洄』『昔咄』など尾張藩に関する史料が多い。

3　「服部勲氏著作集」　甲賀市教育委員会蔵

4　『甲賀武士・甲賀者関係資料集Ⅰ渡辺俊経家文書』甲賀市教育委員会　二〇一七年　甲賀市観光協会扱い

5　磯田道史氏講演会　二〇一八年六月十六日及び二〇一九年六月十四日に甲賀市で開催

6　前川友彦「藤堂藩伊賀者の系譜『貝野家文書』をひもとく」『伊賀百筆』第二十八号二〇一九年一月　二五九頁

7　『矢川神社文書調査報告書』二〇〇五年甲賀市教育委員会

8　『甲賀忍之伝未来記』公益財団法人無窮会蔵、『甲賀武士・甲賀者関係史料Ⅱ』甲賀市に翻刻文掲載あり

あとがき

振り返れば、ちょうど二十年前、中学校の同級生故杣庄章夫君との再会と故服部勲氏との出会いから始まった忍者・忍術との付き合いが、こんな形に結実するとは当時は夢想だにしないことであった。この間多くの方々に初歩的なことからお教え戴いた。ご本人達には教えた自覚は無かったかも知れないが、忍術屋敷の元館長故福井博氏や塩野温泉の主人故辻邦夫氏や忍術村々長の柚木俊一郎氏からは多くを学ばせていただいた。更に磯田道史先生には甲賀での多くの古文書探索やテレビ取材に同行させていただき、忍者という視認しにくい存在に対する古文書の位置付けと裏付け調査の重要性などを学ばせていただいた。

郷土史としての取り組み方に関しては、郷土史料や中央の歴史資料の存在も含め、甲賀市教育委員会事務局歴史文化財課前課長の長峰透氏や同課の伊藤誠之氏にお教えいただくことが多かった。忍者・忍術の成立に不可分の修験道の歴史資料に関しては関谷和久氏から多くを学ばせていただいた。杣中村木村家の系図解析に関しては村上多津美氏の協力なしには達成できなかった。

私が最初に書いたものは個人的思い入れが強く、どうしても読み易い読み物にならず、堅い雰囲気を払拭できなかった。それが少しは読んでいただけそうになったのは偏にサンライズ出版の岩根治美専務のご指導のおかげである。心から御礼を申し上げたい。

これらの方々ばかりでなく、ここに名前を挙げなかった多くの方々、特に色々なサークル活動や勉強会で共に学ばせていただいた多くの方々にも深甚なる感謝を申し上げたい。

最後に、杉谷へ一緒に戻って来てくれたことを含め、ここまで常に自分について来てくれた妻美輪子に感謝したい。

令和二年正月　四百三十四年目の父祖の地

近江国甲賀郡杉谷村にて

渡辺俊経

参考文献

『甲賀郡志』滋賀県甲賀郡教育會　一九二六年
『甲賀市史』甲賀市第一巻　二〇〇七年　第二巻　二〇一二年
『伊賀市史』伊賀市第四巻　二〇〇八年
『愛知県史』愛知県中世編資料編　二〇〇三年ほか
『蒲郡市史』蒲郡市本文編　二〇〇六年
『大日本史料』東京大学史料編纂所
西ノ原勝・長谷川裕子「新出『大原同名中与掟写』の紹介と検討」『国史学』第１８０号　二〇〇三年
『菅浦文書が語る民衆の歴史』長浜市長浜城歴史博物館編　二〇一四年
平野仁也「上ノ郷城合戦に関する考察」蒲郡市教育委員会『上ノ郷城跡Ⅰ』二〇一二年
『望月町誌』第三巻　望月町誌編纂委員会　一九九四年

巻末資料

資料一

大日本史料『大原同名中与掟』大原本家本を勝井本で若干手入れ

定同名中与掟条々

一、他所与地下一揆衆弓矢喧嘩等出来在之者、不寄悪中無音、随下知輩迄、一味同心可為合力事、

一、他所与同名之内弓矢出来之時、不寄悪中無音、敵方江身寄ニ出間敷候、并裏篇内通比興之儀仕間敷候事、

一、他所与同名之衆弓矢喧嘩之時、於鐘鳴者□惣庄之百性等、至堂僧迄、悉得道具を持、可罷出者也、并當所之内ニ在之他所之被官等、其主敵之与にて無之者、菟角申、不罷出候者、其時為本人可為侘言之事、

一、領内之内仁他所之屋敷、堅留申候、万一被仕仁躰在之者、奉行中遂評判、可及行候、若奉行□相破儀在之者、為両年行事、可有其覚悟之事、

一、領中之内ニ、他家之屋敷之近所ニ在之田畠・山・荒野ニ至迄、其屋敷之出張屋敷ニ可成所をハ、替地仕間敷候事、

一、同名中惣劇ニ付而、他所与弓矢出来之時者、手はしの城江番等入事在之者、各致談合、人数をさし入可申候、其時相互ニ如在申間敷事、

一、同名中我人弓矢之時、無本人為身続仕前仕間敷候、同被官等生害させ申間敷事

一、於地下中公事出来之時、双方共ニ内儀を以も被頼候共、連判仕間敷事、

一、他所より被出候かくし事ニ、我人出候をつけ申間敷候、雖然、聟・舅・兄弟之儀者、かくし事ニ被出候仁躰ハ、相届存分次第つけ可申候事、

一、弓矢之時、我人之被官等ケ物仕候共、預候者を成敗仕間敷候事、

一、於同名中、我人請取沙汰、堅可被停止之事、

一、荒地にて、百性等自然草を苅、牛馬をはなし候事共、可有宥免事、

一、田のくるかり、如大法かり申候共、成敗等有間敷事、

一、於地下中、不寄上下、毒飼仕間敷候、自然毒飼之事、慥存知之儀在之者、上巻起請文を以、不寄悪中無音、其ぬしニ可告知候、然者則ニ其仁躰ヘ可相届候、於無誤者、同名中之前にて、上巻起請文血判を

以、晴可申候、至テ凡下之輩ハ、よき起請にて可相果候事、

一、地下・同名中、并寺庵・百性等迄、家之事・ぬすミ・焼仕間敷候事、相破儀在之者、為両年行事、可有其覚悟之事、

一、於地下中、偏執遺恨を以、不主知ニ、礼を立申間敷候事、

一、地下之内無音間ニ、あした・草履・頭巾・四州わたほうし・のりうち・かさとかめ不可在之候事、

一、諸職人地下江出入儀、少モ不可妨之事、

一、米買之役所并つりよう、被召間敷事、

一、他所之御衆當所ニ居住候て、借銭・借米被負せ候とて、地下ヘ立入百性・商人を、搦いましてられ候儀、堅御詫言之事、

一、諸商人他國他郡他郷より出入候を、地下之商人等菟角妨之事在之者、様躰之儀聞届、可加成敗候、然者、我人押買不可在之候、并役所者市庭定置候、其外行合者、無紛様ニ可被取之事、

一、於東山、為商売すミ・はいやき・かちすミ留申候、雖然、私之用所候者、焼可申候事、

一、地下江公事持被出人候を、其敵方他所より被待申儀在之者、我人聞懸、出合行ニおよばす而間敷候事、

一、他所之公事持、同名之者を出し仕前被仕、地下地下江被退候時、本人出合被申候共、地下衆ハ其方共ニ被及異儀間敷候事、

一、同名中公事持を送り候時、我人一揆衆ハ、討手ニ罷出間敷候、万一無承引討手ニ出申仁躰在之者、かたき同前ニ可請申候、其時一揆衆ハ、うたれ候方を、一味同心ニ可為合力之事

一、在々所々之公事持、自然同名を被放、又ハ諸親類迄誓印を以、中を被違仁躰ハ、我人合力有間敷候、然上者、為宿拘置間敷候事、

一、同名之内、若き子共はくちを打、其外不寄諸勝負、何様勝負候共、於當座、其身廻にて可被相果候、後日之負おほせニ成間敷候事、

一、従他所他郷、地下中江不寄上下、手引手廻仕間敷候、自然凡下之輩、或詰ころし、或屋焼・盗賊を仕たる者、徹所正敷於為存知ハ、他所より被頼候共、又者身ニ請候ても、其主存分次第ニ生害させ可申候、然者、其主ヘ上巻起請文を以、過正敷通於申披

者、不足有間敷候、自然又搦捕候て遂糾明其者於無
音者、其主人江起請文を以申分候ハヽ、是又不足有
間敷候事、
一、同名中諸事談合之時、我人分付ニ而、同心可申候、
為少分申破儀、不可在之候、万一相紛事在之者、其
時者、打入鬮にて可相果事、
一、雖為同名、地下仁ありなから、一揆之無判形仁躰
者、弓矢時、合力申間敷候事、
一、領中之間にて、他所より被頼、公事持を討手ニ被出
候共、我人罷出間敷候、雖然、大犯仕候凡下之者を
可討之由、従他家被申候者、大犯之旨聞究、同名中
之送無之者、存分次第ニ討手ニ可罷出候事、
一、此一揆之掟之儀、我人取かくし申候間敷候、并入度
条数候共、退度条数候共、多分ニ付而、可相定候事、
右条々、堅申合与申上者、不可有相違候、万一此旨を相
背在之者、此掟上巻起請文之御罰一身之上仁、深厚可罷
蒙者也、仍一揆与掟前書如件、
同名中
永禄拾参庚午年三月廿四日　惣

資料二

（伊賀国）惣国一揆掟之事　　（山中文書）

一、従他国当国へ入るニおゐてハ、惣国一味同心ニ可被防候事

一、国之物共とりしきり候間、虎口より注進仕ニおゐてハ、里々鐘を鳴、時刻を不移、在陣可有候、然ハ兵粮・矢楯を被持、一途之間、虎口不甘様ニ陣を可被張候事

一、上ハ五十、下ハ拾七をかきり、在陣あるへく候、永陣ニおゐてハ番勢たるへく候、然ハ在々所々、武者大将ヲ被指定、惣ハ其下知ニ可被相随候、并惣国諸寺之老部ハ、国豊饒之御祈祷被成、若仁躰ハ在陣あるへく候事

一、惣国諸侍之被官中、国如何様ニ成行供共、主同前とある起請文を里々ニ可被書候事

一、国中之あしかる他国へ行候てさへ城を取事ニ候間、国境ニ従他国城を仕候て、足軽として其城を取、忠節仕百姓有之ハ、過分ニ褒美あるへく候、そのミニおゐてハ侍ニ可被成候事

一、他国之人数引入る仁躰於相定ハ、惣国として兼日ニ発向被成、跡ヲ削、其一跡を寺社へ可被置付候、并国之様躰内通仕輩あらハ、他国之人数引入る同前たるへく候、他国之人数引入るとある物共之仁躰有之ハ、失之、誓段にて可被曝候事

一、当国之諸侍、又ハあしかるニ不寄、三好方へ奉公ニ被出間敷候事

一、国之弓矢判状送り候ニ、無承引仁躰候者、親子兄弟をかきり、拾ケ年弓矢之用ニ懸申間敷候、同一夜之やと、おくりむかい共あるましく候事

一、陣取之在所にて、味方らんはうあるましく候事

一、前々大和より対当国へ不儀之働、数度有之事ニ候間、大和大将分牢人許容あるましく候事

一、当国之儀ハ無恙相調候、甲かより合力之儀専一ニ候間、惣国出張として伊賀、甲かさかへ目ニて、近日野寄合あるへく候

右掟、連判を以定所如件

霜月十六日

資料三

郡中惣異見状案　（山中文書）

今度新宮・矢河両社徒《衆》中と相構えられ候ニついて異見申し候条々

一、古庵室さゑん（茶園）の儀は、前々の如く木ヲ植えられまじき由、かの方へ申し付け候事、

一、新宮・矢河と相構えらるニついて、古庵室指され候奉行衆の内老分十人、来る九月六日ヨリ十月五日迄、山ヲおりられ、則ち五日ニ右の老分十人、矢河下馬の前にて、両社の衆徒へ礼儀あるへく候、然らば、両社衆徒の内、老分十人、右の在所にて、礼儀請けらるべき由申し付け候事、

一、取り合いの儀は、郡中奉行中として仕るべく候、万一御同心なく候においては、郡中掟の如く片付け申すべく候事、

　右の旨、聶厦偏頗なく異見申し候、万一私曲偽りこれあるにおいては、この霊社起請文の御罰を深厚に罷り蒙るものなり、仍って霊社起請文前書、件の如し、

元亀二辛未年八月廿七日　　郡中惣

飯道寺古庵坊中　まいる

著者略歴

渡辺　俊経（わたなべ・としのぶ）（善右衛門）

1937年大阪府豊中市生まれ。尾張藩御忍役人の末裔。

曾祖父：平右衛門（捨三郎、俊恒）は尾張藩最後の忍者。維新後南杣村村長を二期務める。

祖父：泰治（善右衛門俊澄）は日露戦争従軍金鵄勲受領。東京で製図器具製造販売。

父：俊昭（平右衛門）は東京商科大学（現一橋大学）卒業後、商社マンとして国内外勤務。

1946年父の任地、上海より引揚げ、甲南町杉谷へ。甲南中学校、大津東高校（現膳所高校）、京都大学工学部、同大学院（修士修了）を経て、1963年三菱化成工業入社、中央研究所勤務となる。1976年デュッセルドルフ駐在所長、1981年本社企画室部長、1992年中央化学出向、取締役研究開発本部長等を経て、2000年杉谷へ帰郷。甲南町忍術研究会長、甲南町観光協会長、忍の里こうなん観光ボランティアガイド部部長、甲南地域史研究会長など歴任。

甲賀忍者の真実
末裔が明かすその姿とは

2020年２月10日　初版第１刷発行

著　者　渡辺　俊経

発行者　岩根　順子

発　行　サンライズ出版株式会社
〒522-0004　滋賀県彦根市鳥居本町655-1
TEL 0749-22-0627　FAX 0749-23-7720

印刷・製本　サンライズ出版

ISBN987-4-88325-675-4 Printed in Japan　定価はカバーに表示しています